促动

激活团队能量的领导力新法则

段泓冰 ◎ 著

北京联合出版公司
Beijing United Publishing Co.,Ltd.

图书在版编目（CIP）数据

促动：激活团队能量的领导力新法则 / 段泓冰著.
—北京：北京联合出版公司，2015.12（2024.5重印）
ISBN 978-7-5502-6422-9

Ⅰ．①促… Ⅱ．①段… Ⅲ．①企业管理－组织管理学—通俗读物 Ⅳ．① F272.9-49

中国版本图书馆 CIP 数据核字（2015）第244211号

促动：激活团队能量的领导力新法则

作　　者：段泓冰
出 品 人：赵红仕
选题策划：北京时代光华图书有限公司
责任编辑：李艳芬　王　巍
特约编辑：高志红
封面设计：新艺书文化
版式设计：曾　放

北京联合出版公司出版
（北京市西城区德外大街83号楼9层　100088）
北京时代光华图书有限公司发行
北京晨旭印刷厂印刷　　新华书店经销
字数129千字　　787毫米×1092毫米　　1/16　　12.5印张
2015年12月第1版　2024年5月第4次印刷
ISBN 978-7-5502-6422-9
定价：42.00元

版权所有，侵权必究
未经书面许可，不得以任何方式转载、复制、翻印本书部分或全部内容。
本书若有质量问题，请与本社图书销售中心联系调换。电话：010-82894445

自序

爱，促动中国

亲爱的伙伴们：

2012年一路走来，我听到太多因为促动而温暖彼此的故事。"简单，真诚，正己，助人"的价值观支持着我们彼此陪伴，一路前行。

促动，对13亿中国人来说，大多数人很茫然，不知道是什么，可以为自己带来什么。而对于所有参与过促动技术体验与学习的伙伴，他们从了解到喜欢，从自用到分享。20多个城市，上万人参与普及、学习，数十万人受益，只因促动代表着一种全新的生活方式：简单而真诚地对话，自由而温暖地活着。

因为促动，我们在相互陪伴成长中连接彼此的智慧，让每个人遇见真正的自己，促发生命原动力。

在这个喧嚣而又快速变化的移动互联网时代里，在高举着"互联网思维""社群经济"等各种时髦"旗帜"的世界里，在高声呼喊着"参与、互动、尊重、平等"的人群中，作为一名促动师，我想轻轻地问这个世界一句话：亲爱的人类，你了解并掌握让我们彼此之间平等参与、相互尊重、真诚互动的促动技术吗？

传统的企业管理，让我们习惯了听命上级；而促动，让我们坦诚对话，平等参与，促发所有员工的智慧，促进团队有效共识，建立一个快速解决问题、灵活无边界的组织。

传统的企业培训，让我们习惯了仰视大咖；而促动，让我们彼此连接，相互陪伴，促发我们本身具有的力量，连接我们内在的智慧，共创我们自己想要的未来。

传统的学校教育，让我们习惯了老师的安排；而促动，让我们主动参与到学习中，连接老师与所有同学的观点，即使是老师在线分享，我们也能自主学习，有效互动讨论，提高学习效率。

传统的家庭教育，让我们习惯了家长对孩子训话；而促动，让我们开始和孩子对话，向孩子提问，观察他们的行为，聆听他们的想法，欣赏他们的特点，正确地给予反馈，真正开始陪伴孩子身心成长。

与其说是我们在传播促动技术，我更想说：是促动粉丝们一直在用简单真诚的对话改善自己生命质量的同时，陪伴并温暖着身边所有人。

2013年，我们发下了大愿：要让1万人有机会成为促进人类简单真诚对话的促动师；要让1亿人有机会学习连接群体智慧、促进共识的促动技术；同时，让1亿人有机会了解促进真实问题解决的行动学习。我们一直在努力：在国内举办 60 多期促动师的培养讲座，完成《赢在行动学习》一书，在各类组织中举办各种促动工作坊，数十万人因为认证促动师、促动技术学习者、促动粉丝们的各种分享而受益……让更多人了解并学习至少一门促动技术，促进简单真诚的对话，是我们从未改变的心愿。

移动互联网时代加速了各类组织的全球化竞争，人们追求高度参与、有效互动、相互尊重、平等对话、协作共赢的心理趋势，让促动技术因应这个时代的发展，成为职业人、社会精英必备的生存技能。

2014 年 6 月，习近平总书记在加快职业教育发展方面作出重要指示，在培训模式上提出要"工学结合，知行合一"。工学结合意味着培训教师要有促进学员将知识与实际工作融合的能力；知行合一意味着培训教师要能够促使学员将所学转化为实际行动。而促动技术恰恰是促进"工学结合，知行合一"最重要的职业能力。促动技术在发达国家的职业教育培训体系中，是培训教师必备的基本技能，没有获得促动技术职业能力证明的培训教师，是不允许在正规教学机构提供教学活动的。在企业中，促动技术是管理者必须熟练掌握的领导技能；是入职两年的员工必须掌握的基本职业技能；同时，也是提供各类咨询的顾问必须要认证的专业技能。中国在建设现代职业教育培训体系过程中，需要建立促动师职业能力培养体系，让更多人因促动而受益。

促动，无论是作为一种职业能力在中国普及，还是作为一种促进人们简单真诚对话的技能，抑或是作为一种让人们得以自由而温暖生活的方式,我想说,这一切,都源于——爱。

爱是什么?爱是爱本身。

因爱,促动中国。

微促动科技CEO/ WFA(中国)会长

段泓冰

于杭州青芝坞

目 录

第一章

促动一下，让管理变得简单

一、促动一下，解放管理者 //003

二、促动一下，让跨界协作变得简单 //007

三、促动一下，让利益相关者共识变得简单 //009

四、促动一下，让会议获得期望成果变得简单 //010

第二章

智慧互联：提升领导力的十种促动技术

一、聚焦式会话法——如何提出好问题，促进团队成员共享智慧 //015

二、团队共创法——五个步骤让团队快速达成共识 //033

三、世界咖啡——打破部门墙与激发创新就这么简单 //046

四、鱼缸会议——说出心里话再也不用担心尴尬了 //060

五、群策群力——快速解决问题与提升执行力的流程 //072

六、欣赏式探询——幸福团队，绩效倍增的秘密 //093

七、未来探索——让"共识愿景，共赢未来"不再是口号 //102

八、开放空间——自组织管理产生"智慧涌现"的美妙 //114

九、私人董事会——企业家互照镜子、互助成长的好方法 //127

十、企业剧场——促进员工认同企业文化的快乐时刻 //151

第三章

行动落地：促动前中后做足功夫

一、促动前：促动会五步速成法助力管理者事半功倍 //161

二、促动中：建立讨论规则，确保有效互动 //165

三、促动后：确保会议计划落地 //169

参考文献 //180

推荐语 //182

第一章

促动一下，让管理变得简单

一、促动一下，解放管理者

近年来，一些国内知名企业的CEO，在碰到需要快速跨界协作、利益相关者无法快速达成共识、企业中的战略落地等关键会议需要快速获得成果时往往会提出：请个促动师来帮我们促动一下吧！

促动有什么作用？促动师是干什么的？为什么众多CEO在面临无法独自决策、需要利益相关者共同讨论达成共识的问题上，会寻求促动师的协助？

促动（facilitation）的本意是"让事情变得简单，在会议、工作坊这些群体互动过程中，特指促进人们真诚交流，群策群力，达成有效共识与高质量决策的能力"。

而促动师（facilitator），是掌握多种促动技术，促进参与者有效互动，达成共识与共同行动的专业人士。目前，邀请促动师设计并实施组织中的重要会议，如战略落地、文化变革、愿景重塑、价值观共识、整体绩效改善等，在一些大型、知名的中国企业中并不是什么新鲜事儿了。

CEO作为组织中需要把握方向、明确战略、协调各方利益相关者关系，基于各种快速变化的信息迅速决策并组织相关资源快速协作的第一人,日常的主要管理活动是通过各种会议、沟通、交流来完成的。那么,CEO在各种快速变化的信息中,如何通过促动,把自己从无效会议、低效沟通中解放出来?

通常,CEO是通过各级管理者来实现组织的高效运转的。管理者工作效能越高,CEO就越轻松。因此,如何提升管理者的促动能力,助力他们从低效会议、团队协作的推诿扯皮中解放出来,就成了一件至关重要的事情。

进入21世纪的第二个十年,移动互联网发展带来了巨大变化:信息变得越来越透明,传播速度越来越快;权威变得越来越没有说服力,人们越来越追求平等;组织变得越来越扁平,过去的命令式、权威式管理变得越来越不奏效。这种变化对管理者造成的影响尤为突出。对大部分管理者而言,他们接受的是20世纪大工业管控时代的技能培训,却需应对当下心智模式已发生巨大改变的各类新新员工,以及由于信息快速变化带来的管理挑战。

网络互联快,智慧如何互联

移动互联网的普及,使人们随时随地从四面八方获得信息,也可以随时随地处理工作。

相比之下,很多管理者虽然身处21世纪互联网时代,其思维模式、管理模式却可能还停留在20世纪。为什么这样讲?管理者们可以用最先进的手机、电脑、各种Pad熟练地将信息在瞬间分享给团队成员，然而却很难让组织中最宝贵的财富——员工大脑里的智慧快速连接起来，为组织解决那些棘手的问题，更别说是快速整合外脑智慧来为组织服务了。想要在这个快速变化的年代里求得生存，组织需要能激发员工的群体智慧，并快速连接组织内外部的智慧源，一起为组织愿景服务。

信息同步快，思维如何同步

很多管理者说，最头疼的事情莫过于让员工统一思想，快速达成共识。管理者们总是难免受固有思维模式的影响，总把自己摆在权威的位置，不容大家质疑。按照自己观点去执行的，就是正确的；如果出了问题，就是大家的智慧程度不够，理解能力不足，执行力低下。许多管理者自己做事雷厉风行，但是要和团队成员达成共识，却可能好几个月都无法实现。科学技术带来了信息快速同步，整个团队思维却很难快速同步。

管理没有答案，如何高效决策

以前的管理者可以快速回答员工几乎所有问题，现在的管理者却很难像前辈们那样随便给员工下命令，并充满自信地打包票："听我的，就这么干，肯定能完成绩效！"更多时候，管理者自己也在心里暗暗打鼓："谁知道这样决策对不对？"而当需要借助团队智慧决策的时候，管理者又会发现：大家要么一言不发，要么七嘴八舌。这就使得决策迟迟无法形成。这时，管理者的心里可能更加不安："这样的胡乱讨论根本没有任何作用，还不如我自己凭感觉来做决策。"在快速变化的时代里，管理者需要掌握必要的促动技术，促进大家参与，一起来共创答案。

掌握促动技术好处多多，它们可以帮助管理者实现以下目标：

- 有效提升团队执行力。
- 召开高效、有成果的会议。
- 让与会者逐步抛开防卫心理，全身心投入讨论。
- 在讨论中集思广益，献计献策。
- 建立积极正向的团队氛围。
- 提高团队创造力。
- 促进团队聚焦于共同目标。
- 有效化解团队成员间的矛盾。
- 帮助团队构建共识。
- 创造非妥协的团队协作。
- 建立尊重和信任的团队氛围。

二、促动一下,让跨界协作变得简单

人类社会进入移动互联网时代,组织日趋扁平化,组织中各层级管理者的数量减少,而需要协作的各方人员却不断增多;因此过去靠命令的管理技能变得不再那么有效。促动技术(facilitation skill)是一种有效激发团队智慧、促进群体共识、提升整体执行力的团队管理过程技术,是有效互动、目标一致促进高质量合作的技能。

成功的管理者都是资源整合、跨界协作的高手。移动互联网让资源从全世界各个地方快速涌现,过去也许需要某种特殊背景才能搞到的信息、资源,今天可能很快就在网络上出现,当许多资源变得不再稀缺,如何整合资源后创意地应用,如何促进有不同思维方式的各方快速协作就变成制胜法宝。

国内一家知名企业L,在厨房电器行业排名前三甲,其CEO认为基于中国市场高端人群的需要,未来高档厨房电器的需求量会猛增,于是他要求产品部推出一款高端电饭煲,价格每台1800元。上到管理者,下到市场人员全都认为不可能卖动,因为当时国内最贵的电饭煲也就几百元,大家认为1800元是"天价",没人能消费得起，因此整个市场部出现了很多不同的声音。

　　CEO之后请来了一个促动师团队，希望通过三天的促动会，听听大家真实的想法，同时希望通过跨界团队的协作，来让大家看到高端厨房电器的发展前景，并产生相关行动策略。

　　促动师团队在三天工作坊中，首先邀请了奢侈品行业、高档住宅领域的相关人士来和L公司的管理层、市场部管理者进行"世界咖啡"（一种促动技术）互动交流，让大家打开思路，认识到高端厨具在市场上是有广阔发展前景的；之后，通过两天"未来探索"（一种促动技术），让来自这些高端消费品领域的专业人员与公司内这个高端厨房产品涉及的部门管理者一起互动，通过信息共享、发展趋势、愿景畅想、达成共识、行动策略这五个步骤，让参与者打开固有思维，通过跨界协作、跨团队协作一起共创，自己找到可行的行动策略，也就自然而然地达成了CEO的目的。如果在过去，CEO会简单靠一道命令强压下去：做也得做，不做也得做。最后的结果一定是卖不动大家推诿扯皮，CEO的精力也被无限牵扯。而促动一下，让跨界协作变得简单，靠的是在轻松有序的讨论中，大家自然而然地改变固有思维模式，自己找到解决问题的答案。

　　随着竞争的不断加剧、行业环境的不断变化，很多公司的部门结构和任务都是复杂的，边界也是模糊的。通常情况下，一项工作需要多个部门有效协作才能完成。所以管理者需要掌握有效的促动技术，让跨界协作、跨团队协作变得简单。

三、促动一下，让利益相关者共识变得简单

在大工业时代，CEO与各级管理者的主要管理行为是下命令、监控命令执行情况。随着移动互联网技术的发展，中国企业在发生深刻而巨大的转变，许多传统企业均处在转型与升级中，强调组织各级管理者促进员工有效对话，激发人们的参与感，达成共识后产生高效执行。同时，如火如荼发展起来的各类互联网公司、创业公司不断倡导的"开放、平等、参与"的互联网思维模式，需要其CEO与各级管理者及每个在职员工掌握一套促进"开放、平等、参与、尊重"的职业技能：促动技术。

在世界500强企业，这是入职两年的员工必须掌握的职业技能，是各级管理者必须熟练应用的领导技能。而对各级管理者来说，激发人们积极参与、达成共识、快速协作，要么是天生的能力，要么是在商学院、自己的私人领导力教练那里必修的能力。总之，无论是社会上摸爬滚打练就的，还是通过后天学习而来的，这都是管理者最重要的能力。管理者如果不能激发人们的参与感，不能在任何一次会议中快速聚焦主题，促进人们共识及有效协作，那只能靠投入大量的时间、精力和财力来弥补这个能力缺陷了。

四、促动一下，让会议获得期望成果变得简单

CEO 与各级管理者的主战场是会议室。高效会议能力对于管理者来说是非常重要的技能。然而，进入 21 世纪之后，很多管理者却变得不会开会了，开会效率非常低下，总是议而不决。不少人认为，开会就是准时参加，在众人面前发表一下自己的想法，会后发个会议通知就完了。这种想法是比较 OUT 的 20 世纪开会模式的一种延续。

时代的变化要求管理者必须作出相应的调整。许多世界 500 强企业要求他们的管理者必须掌握促动技术。而且，针对某些高级的会议，企业会请促动师来设计流程，以确保会议聚焦问题，达成共识，产生高质量决策与共同行动计划。

基于促动技术的会议，可以让管理者实现轻松有序高质量的会议过程与结果，我们将这样的会议模式称为促动会。

被称为"CEO 中的 CEO"的杰克·韦尔奇，最被人称道的是实施了"数一数二"战略；作为一名卓有成效的领导者，他每一次重要战略的落地都与他在会议室轻车熟路地带领大家聚焦问题、共创愿景、达成共识，产生能够快速执行的行动计划有关。当韦尔奇在

通用电气公司的企业大学克劳顿村和管理者们互动时，一名管理者在现场指出公司存在的很多问题。韦尔奇问他："你为什么不告诉你的直接上司呢？"这名管理者立刻回答："我疯了吗？我会立刻被开除的！"韦尔奇接着问："那你为什么敢在这里说？"那位管理者回答："在这里，你又不知道我是谁，我是安全的！"全场哄堂大笑。

这件事情对韦尔奇的影响很大。他认为，如果人们在会议室里并不敢说真话，尤其是当他们的上司在现场的时候，那么企业的办事效率将无比低下，人们将不愿意承担责任，推诿扯皮的现象会非常严重！而管理者解决问题的地方主要是会议室，如果不能改善组织的会议模式，企业的文化变革就是一句空谈！

管理者大多数时间都在通过开会解决各种问题，如何让每场会议都能快速聚焦问题，达成共识，产生高质量的决策结果，并促进与会者的自发行动呢？

管理者通过掌握促动技术，可以实现上述目标。促动技术可以有效促进与会者聚焦真实问题，展开有步骤的讨论，促进人们共享信息、达成共识，并能现场导出行动计划，且在会后自发执行行动计划。

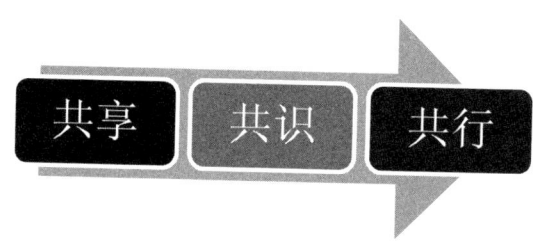

图1-1 促动的过程

促动的过程,就是一次共享信息、达成共识、促进参与者共同行动的过程(如图1-1所示)。谁掌握了促动技术,谁就会成为一名真正意义上的领导者。

第二章

智慧互联：提升领导力的十种促动技术

第二章 智慧互联：提升领导力的十种促动技术

一、聚焦式会话法
——如何提出好问题，促进团队成员共享智慧

在现代企业中，促动技术为越来越多的企业领导者所重视。因为在这个协作的年代里，群体之间的互动绝非易事。多元的思维角度，人们对个性释放的需求，对权威崇拜逐渐冷却，自我意识的逐步崛起，都让群体之间有效协作、达成共识、共同参与到一个项目或一项事业中，成为一个复杂的人际互动过程。

促动技术作为促进群体成员有效共事的步骤与方法，其背后有行为科学、团体动力学、群体心理学、积极心理学等理论支持，也有许多心理学家和管理者通过研究与实践而产生的可操作的步骤、流程及方法，目的都是期望充分激发人们的内在智慧，尊重每个个体，促进人与人在平等的交流中连接生命的智慧，从而实现多方合作共赢。

在本章中，我们将为大家重点介绍十种常见的促动技术（如表2-1所示）。

表 2-1　十种常见的促动技术

促动技术	能力提升点	主要作用	主要步骤
1.聚焦式会话法	提问力	促进团队智慧共享、信息共享、情绪共享、聚焦下一步行动等	有序提出"数据层面/体验层面/理解层面/决定层面"的问题，促进与会者共享智慧
2.团队共创法	共识力	促进团队共识、创新想法、聚焦关键行动领域、价值观重塑等	通过"明确主题/头脑风暴/分类排列/提取中心词/图示化赋予含义"有步骤构建共识
3.世界咖啡	对话力	促进跨界创新、深度对话、打破部门墙等	遵循"有意义的主题/参与者邀请/营造氛围/深度汇谈/换组交流/成果分享"进行设计
4.鱼缸会议	反思力	向内反思，营造团队内、跨部门之间的真诚反馈氛围，促进真诚有效的沟通	通过创设"'鱼'和'水'围坐一圈/'鱼'的自我反馈/'水'的反馈和聆听的对话氛围"促进对话
5.群策群力	共行力	促进问题解决、绩效提升，组织变革，快速产生行动方案与主动承担任务的负责人	架构"问题提出/障碍分析/头脑风暴/盈利矩阵/想法陈列/城镇会议"的研讨规则来实现高质量决策与问题解决
6.欣赏式探询	幸福力	幸福感提升，压力降低，积极文化塑造，幸福企业打造	通过"发现/梦想/设计/实现"四个步骤来实现营造积极对话氛围，幸福感提升
7.未来探索	愿景力	共识愿景、年度战略研讨、利益相关者共识、社区探索等	通过"聚焦过去/聚焦现在/聚焦未来/达成共识/行动框架"促进利益相关者共识愿景，共赢未来

续表

8.开放空间	创新力	创新、组织沟通、协作、技术峰会、社区共建	通过"聚焦主题/自主提出讨论议题/自我管理小组/移动双脚贡献智慧/新闻墙/成果汇报/行动框架"实现参与者广泛的、深层次的对话
9.私人董事会	互助力	企业家相互照镜子、互相帮助、提出问题、坦诚建议、共同成长	通过"聚焦主题/陈述背景/私人董事会提问/坦诚回答/私人董事会建议/自我反思/行动计划/小组反馈/行动改善/教练对话/成果报告"实现企业家之间互助互学
10.企业剧场	凝聚力	企业文化落地、提升团队凝聚力等	通过"说出工作生活中的故事/投票选择/故事分享者挑选演员/演员即兴表演/参与者分享感受"来促进团队成员相互理解与对企业文化的理解

许多成功的管理者都善于在其团队内营造一种鼓励提问的氛围，开始意识到提问的重要作用。提问可以引起人们的注意，激发人们的创意，促动人们去寻找解决问题的新思路和新途径；提问可以让管理者明白自己并不是万事通，需要他人从多元角度提供信息；提问还可以提高沟通效率，为团队持续成长营造不断探索与学习的氛围。

那么聚焦式会话法（Focused Conversation Method）是如何产生的呢？二战结束后，美国海军陆战队随军牧师约瑟夫·马休斯回到了阔别已久的校园，重新开始了教授生涯。当发现国内有很多参加二战的士兵无法重新融入现有的和平生活之后，他便决定以毕生精力来帮助他们。不久，马休斯就从一名美术教授那里获得了灵感。他发现，美术教授在使用一种多角度对话的方式来教导学生如何观察一幅画，并领会内心的反应，如何用自己的思维方式来领会作品的意义。

马休斯向美术教授请教为什么要选择这种教学方式。美术教授指出："当观察一件艺术作品时，你首先要观察那有什么，没有什么；然后，你需要向内询问自己内心的感受：什么使你开心，什么使你不开心。当你剥开意识的每个层面，才可以开始询问这个艺术作品对你意味着什么。"于是，马休斯开始总结这套集体思考的方式，并将其称之为"艺术形式对话"。之后，ICA（International Culture Affair，国际文化事务研究会）对其进行研发并在全世界推广。

聚焦式会话法是一种出色的提问方式，能促进参与者有效共享各个层面信息。在中国，WFA（World Facilitator Association，国际促动师协会）不断普及这项促动技术，助力职业人掌握，实现工作与生活中的有效对话。

它通常由一位促动师或掌握促动技术的管理者主持，通过提出一系列问题让与会者回答，将人们从话题的表象带入他们工作和生活的深层含义里。目的在于促进人们经历一种发散与聚焦结合的"发现对话"，帮助人们一起思考。

聚焦式会话法是一门提问的技术。在人们越来越重视自己话语权的年代，组织里的员工需要对影响他们生活和工作的问题有畅所欲言的权利。如果这种畅所欲言是无序的，那结果一定是混乱和无效的。聚焦式会话法通过一层层问题的提出，让人们最大限度地参与和思考。这些问题的答案，会协助参与者向内反思，同时找到下一步的行动计划。

聚焦式会话法的四个层面

聚焦式会话法是由四个层面组成的架构性对话，如图2-1所示。

O-数据层面　　R-体验层面　　I-理解层面　　D-决定层面

图2-1　聚焦式会话法的四个层面

1. 数据层面（objective）

数据层面是指那些关于事实和外部现实的问题。这些问题一般是从感官获得的，包括我们看到的资料、认为的事实和观察到的外部客观现实。例如，过去一年中，团队发生了哪些重大的事情？这份月度计划中，哪些数据引起了你的注意？数据层面的共享，是为了保证大家能够从多个角度共享信息和自己关注的"第一手资料"，并确保与会者都是在谈论同一件事情。而以往对这方面工作的忽视，常常会到最后才明白大家讨论的根本不是同一个主题，从而令团队成员陷入事倍功半、"跑偏"的窘境。

2. 体验层面（reflective）

体验层面是指那些立即唤起人们对接收到的信息产生反应的问题，有时是情感或感受上的反应，有时是隐藏的想象或对事实产生的联想。这一层面关注的是人的情绪、情感、记忆或联想。例如，项目进展过程中，大家感觉最高兴的一件事情是什么？团队过去半年中有什么事情让你感到非常郁闷？这件事情让你回忆起过去的什么经历？

提出体验层面的问题是为了让参与者了解每个人对信息产生的一种内在反应。这种反应会直接影响会议参与者的状态。对此，有些人会选择忽略，有些人则会将自己的情绪直接暴露出来。管理者如果单纯地认为开会就是要解决实际问题，讨论大家情绪上的感受是浪费时间，那么这些被"积压"的情绪就会时时在会议内外作怪，或直接或间接地影响团队成员的工作状态。因此，了解并接纳团队成员的情绪感受，是管理者在促动会过程中需要面对的一个巨大挑战。

3. 理解层面（interpretive）

理解层面是指那些挖掘出意义、价值、重要性和含义的问题。这个层面的问题是建立在数据资料及来自体验层面的感情和联想基础上，提炼出对事件的理解和价值。例如，解决这个问题对我们有什么意义？我们遭遇到眼下的困境的关键原因是什么？我们有哪些创新的做法可以解决这个问题？

理解层面问题分享的目的在于引起与会者更深层次的反思。我们可以这样理解：对于管理者来说，面对面会议的目的就是要共享团队成员内在的深层思考。许多重要问题的解决与创新的想法，一般到了这个层面的讨论时才会浮现出来。这是因为，深层思考需要一定时间的积累才会慢慢产生，如果一坐下来就要求拿出方案，得到的往往是敷衍了事。

4. 决定层面（decisional）

决定层面是让人们能够对未来作出决定的问题。这个层面重点要讨论的是新的发展方向。通常，与会者在这个层面提出几种解决方案，以供抉择。比如：我们今天的工作重点是什么？如何开展下一步的关键行动？谁愿意负责，我们何时开始？

聚焦式会话法四个层面的提问遵循了人类思考的自然心理过程（如图2-2所示），它是一个"感知信息—内在反应—判断思考—作出决定"的自然而然的过程。比如：

晚上一个人走进一条漆黑的巷子。（数据层面）

内心很害怕。（体验层面）

是停在巷子门口叫家人来接？还是鼓起勇气自己走？（理解层面）

决定鼓起勇气自己走。（决定层面）

工作中，管理者的很多决策也是基于这样一个过程。

看到团队成员在会议中无法快速提出解决方案。（数据层面）

感到非常生气。（体验层面）

这些人没有执行力！（理解层面）

在会议现场发飙，把所有与会者臭骂一顿。（决定层面）

图 2-2 人类思考的自然心理过程

聚焦式会话法的四个层面与人们做决定的过程是一一对应的。从脑科学的角度来看，我们平时做决策最重要的器官是大脑，以及与之关联的神经系统。这套系统几乎是同步在做资料收集、情感处理、建构意义和产生决定的工作。聚焦式会话法遵循这一规律，让会议的过程变得科学，遵循人性而走，最大限度地搜集所有与会者关注的信息、产生的直觉、挖掘的深层意义及愿意共同去实施的行动。

用聚焦式会话法做会议设计

聚焦式会话法常用的场景有 100 种之多，年度总结、项目进展评估、培训后的研讨、面试、员工绩效面谈、建立团队使命感、讨论组织变革等等。而对于企业管理者来说，部门的小型会议可以用聚焦式会话法进行，流程简洁、方法简单，帮助团队建立轻松、平等、互相尊重的对话氛围，有利于团队输出共同的行动承诺。

在应用聚焦式会话法做会议设计时，可以参考图2-3中的框架：

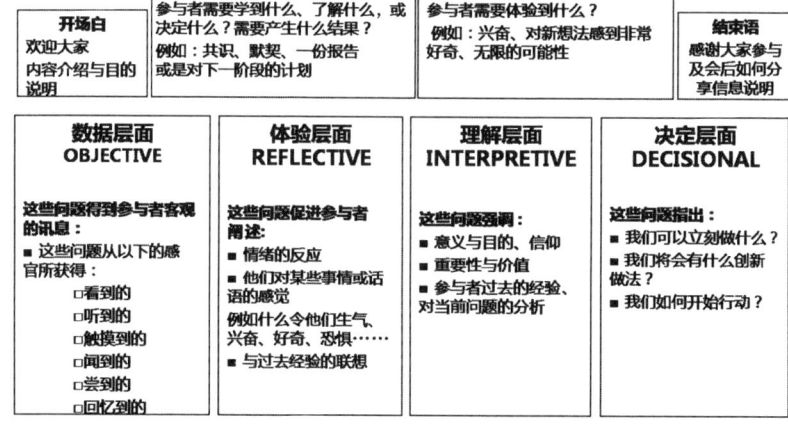

图 2-3 用聚焦式会话法做会议设计的框架范本

每一次的聚焦式会话法讨论都是独一无二、需要量身定做的。问题均要与主题及参与者相关联，需要促动师事前做好提问设计。在讨论的过程中，需要因应当下情况做某种程度的修正。提问要点如下：

- 简单直接的问题。
- 与主题及会谈目的相关联。

- 开放作答的问题,即不能仅用(是)或(不是)作答,以得到回答者真正的意思。

图 2-4 中是一些问题的"范本",可以用于在听过一段讲述或报告之后用以促动一系列思考的对话:

数据层面 OBJECTIVE	体验层面 REFLECTIVE	理解层面 INTERPRETIVE	决定层面 DECISIONAL
■ 你还记得什么? ■ 他们用了哪些词语? ■ 主要的重点有哪些? ■ 有哪些特定的信息被提出来? ■ 还有什么吸引了你的注意?	■ 哪一个部分让你特别惊讶?兴奋?挫折?疑惑?失望? ■ 你最喜欢哪些地方? ■ 你回忆起什么相关情景/经验? ■ 听完这个报告(这段叙述)后你感觉如何?	■ 请用你自己的话说一说对这个报告的理解。 ■ 我们原来运作的方式存在哪些问题? ■ 这个报告主要的价值是什么? ■ 这给我们带来什么新的启发?	■ 听完这个报告,你会有些不同的做法? ■ 把这些想法实际运用到组织里我们需要做些什么? ■ 我们下一步的行动关键是什么?

图 2-4 用聚焦式会话法提问题范本

聚焦式会话法在应用时需要注意以下问题:

适当的会场布置:围桌而坐/人们彼此有目光接触/营造轻松的对话环境。

第一轮问题:让每个参与者回答第一个问题。促动师可以这样问:"第一个问题从小王开始,依次回答。小王,哪些信息引起了你的注意?"

小王回答后,促动师目光注视下一个人,等候回答。要求回答流利而且简洁,比如请大家在 2 分钟内简要回答。告诉大家不要做长篇大论的演讲,等一会儿再对回答和建议进行讨论。

如果促动师猜测某人因为怕犯错误而不敢讲话,可以说:今天的讨论关键在分享,没有对错之分。

如果参与者认为与人分享显而易见的东西简直太幼稚，想马上对谈话主题发表意见，或者迅速决定怎么解决问题，或者受谈话主题启发提出一些看法，促动师需要帮助参与者处理数据层面问题。例如：各位，我们先聚焦在引起我们注意的数据或信息上，一会儿我们有足够的时间交流意见及行动。

假如参与者直接谈论抽象的反思，促动师可以重复一遍问题或把问题再澄清一下，如：这个环节，我们讨论的重点是哪些信息引起了我们的注意，李工，您的分享是什么？

随后的问题：接下来的问题是给全组成员的。促动师要说明第二个问题大家可以自愿回答。促动师可以说："现在，大家自愿发言。"也就是说，促动师不必按次序绕着桌子转，大家自由回答。

如果有争论：提醒大家相互尊重各自的观点，每个人都有智慧，都有自己的思维方式。

接着问是否还有其他看法。

一旦有人提出相反的意见打断发言人，让他等别人发言结束后再发言。

第一个人说完后，请第二个人陈述反对意见，但不要争论。

促动师陈列两个想法的回答，成为对问题的同等回答，然后重复原来的问题，请其他伙伴回答或者讨论下一个问题。

如果人们对别人的回答横加阻拦：促动师试着说："我理解你的想法，可是我不清楚这和问题的关系。我知道你不赞成小张。那么说说你的想法。"让他们回答问题，然后继续对话。

讨论跑题时：如果促动师感到有人偏离了主题，先肯定他讲的内容很有意义，很重要，也是大家关注的。然后，扼要重述到目前为止小组成员就问题而作的发言。这时，促动师可能要重复问题，或者提出该讨论下一个问题了。

回答很长很抽象时：如果有人发表长而且晦涩抽象的发言，促动师可以请他举出一些具体的例子，如"小李，我想请你举一个具体的例子来说明。"

| 案例分享 |

戴总运用聚焦式会话法召开部门定位及策略会议，通过有效提问促进员工智慧共享

戴总是一家互联网企业学习与发展中心总监，她所服务的公司一直崇尚平等、自由、灵活的沟通方式，公司内会议室布置得风格各异，大家会给会议室取一些好玩的名字，比如叽歪室、口水室等等。不过仅有氛围还不够，她发现很多部门的人开会经常聊得很欢，每个人都有机会畅所欲言，然而讲着讲着就跑题了，拉都拉不回来。用她的话说，大家明知道跑题，内心还是会被自由言论的痛快引诱，宁可说废话也不回到主题。这次的部门2015年定位及策略会议，戴总打算用刚学的聚焦式会话法来改变以往的会议模式，让会议更加高效。本次的会议计划时长为3小时，与会对象是中心12名部门负责人。

| 第二章　智慧互联：提升领导力的十种促动技术 |

在会议前一周，戴总给每个负责人布置任务，即根据整个中心2015年定位和策略制定出本部门定位和策略，并将电脑版本和手写版本带到现场。

戴总同时对会议做了以下构思和如表2-2所示的流程设计：

1. 会议主题：制定部门2015年定位及策略会议。

2. 情境：3月份公司新财年开始，学习与发展中心将召开年度会议，讨论并完善本年度每个部门的定位和策略。

3. 理性目的：部门间进行互动互通、输出各部门新财年的定位和策略描述。

4. 感性目的：激发参与感，鼓励员工积极主动承担责任。

表2-2 用聚焦式会话法开会的流程设计

环节	内容说明	负责人	时长（分钟）
主持人开场	欢迎、介绍会议目的和议程，说明本次会议流程，引出领导发言	戴总	5
领导发言	①介绍本次探讨的主题，说明该主题意义和价值 ②解读整个学习与发展中心的定位和策略 ③强调会议的重要性，说明自己对大家的期待，鼓励大家积极参与	王副总	20
主持人衔接	感谢领导分享，介绍会议的规则，分配计时员、记录员两个角色，然后开始第一轮讨论		
第一轮讨论（数据层面）	在王副总分享的信息及墙上每个部门写出的信息中，让你印象深刻的/引起你注意的信息有哪些	戴总	20

续表

环节	内容说明	负责人	时长（分钟）
第二轮讨论（体验层面）	过往我们在制定部门定位、策略时，做得好的有哪些，做得不太好的有哪些		20
第三轮讨论（理解层面）	①大家认为制定新财年部门定位和策略的关键是什么 ②（请大家移动双脚去看别的部门的信息）你会给其他部门提出哪些修改建议		60
第四轮讨论（决定层面）	接下来你如何调整本部门的定位和策略描述，从哪里入手，需要哪些支持		50
成果展示	请每个人自由走动，看其他部门完善后的定位和策略		15
总结	感谢大家坦诚的交流与智慧的贡献，请大家一周内将各自部门完善的定位和策略描述整理成电子版，共享给每个与会者	戴总+王副总	10

设计完毕后，戴总的思路更加清晰了，虽然中心所有负责人是第一次经历这样的会议，但戴总信心十足。

会议当天，大家一走进似咖啡厅的会议室，便被温馨的会场布置所吸引：墙面上贴了一些手绘画，会议桌上铺了漂亮的桌布，桌面上还放了大白纸和各色彩笔……

大家快乐地围桌而坐，主持人登场。简单开场后，王副总首先按约定的流程分享整个中心的定位和策略。之后，戴总作为促动师，介绍会议的规则：一、今天所有人的发言都是有效的,大家彼此平等,没有谁的观点更高明,也没有对错。二、今天的会议是3个小时,会有几个不同的环节,希望大家能共同遵守时间约定,高效输出成果;将选出今天会议的计时员,提醒大家注意时间。三、过程中鼓励大家互相聆听彼此观点,只有相互聆听,才能产生更加有效的碰撞。四、所有的信息都很重要,要及时把信息记录在白纸上,我们将选出一名记录员,谁来担任?话音一落立刻有伙伴举手,参与度很高。

之后,戴总开始抛出第一个问题:王副总分享的信息和墙上每个部门写出的信息中,让你印象深刻的/引起你注意的信息有哪些?我们每人有一分钟的发言时间,请计时员做好计时,请记录员一会儿把大家分享的关键词记录在大白纸上,好,请大家思考30秒,30秒后请从我右手边的伙伴开始。接着,小伙伴们开始依次发言。有人说:我看到有部门写了自己的定位是为其他部门提供保障和助推布局,这个内容引起了我的注意;有人说,今年跨境电商的人才培养是重点;有人说,部门制定的策略之间有重叠的地方,也有分工脱节的地方……第一轮讨论,大家各自分享了印象深刻的、自己注意到的信息。

接下来,戴总问第二个问题:过往我们在制定部门定位、策略时,做得好的有哪些?做得不太好的有哪些?她请每个人把信息分别写在两张记事贴上,并给大家3分钟时间,写完后请逐一分享并贴到墙上,让大家都能看到。分享完后,几位伙伴借由大家的分享又做了补充,大家充分讨论又不失秩序。

第二章 智慧互联：提升领导力的十种促动技术

经过两轮讨论后，大家对讨论规则基本了解，年轻的负责人各抒己见，有的人甚至滔滔不绝，这时候，戴总示意计时员提醒发言时间已到，发言人不得不赶紧刹车。由于每个人的发言时间都是有限的，这就要求大家必须简明扼要、提炼重点、组织好语言。

戴总接着抛出第三个问题：那么大家认为制定新财年部门定位和策略的关键是什么？听到问题后，大家陷入了思考。有人说目标需拆分；有人说部门不应该埋头制定自己的东西，而应该抬头看路，几个强关联部门间应该协同起来；有人说应该像今天一样先分析部门的优势和价值，看清自己做得好的，再去完善不好的；还有人说每个人对中心定位和策略的理解不一样，应该互相有个澄清的过程……这些信息同样都记到了大白纸上，并及时粘贴出来，保证每个人都能看见并随时补充。

这个时候，戴总启动第四轮提问：现在请大家给其他部门的定位和策略提建议，你的建议是什么？问完请大家起身依次到其他组提建议。此刻大家像沸腾的开水一样，想法和观点不断冒泡……

戴总此时抛出最后一个问题：接下来，你将如何根据大家的建议完善本部门的定位和策略描述？为了更好地完善，你需要哪些人的支持？最后，戴总请每个部门把自己完善后的成果贴出来，展示给其他伙伴看，王副总此刻也不停地在每张成果前阅读并记录，还跟大家热烈地讨论起来。

会议进行了3个小时，所有参与者意犹未尽，还在讨论。

王副总看到大家这样积极坦诚地探讨,并且能高效输出成果,非常开心。戴总最后请每个人把自己的成果卷好带走,一周内整理成电子档共享给其他人。

会议圆满结束了,王副总非常满意,对戴总说,你这套是哪里学来的?很好用,下次我们其他中心也用下……戴总露出了会心的微笑,她知道,未来中心的会议将会掀起一股促动技术应用的热潮了。

(本案例由WFA国际促动师协会高级促动师何虹谊提供)

二、团队共创法——五个步骤让团队快速达成共识

组织的核心竞争力通常由三大关键因素构成,即产品、人才和组织智慧(如图2-5所示)。其中,关于产品、人才,已经有众多方法为企业所用,组织智慧所包含的文化、制度、团队也有很多方法论可供使用,而其中"群体共识"却被众多企业忽略。将个体智慧有效连接,形成集体智慧,需要在团队中形成一种"共识机制"。

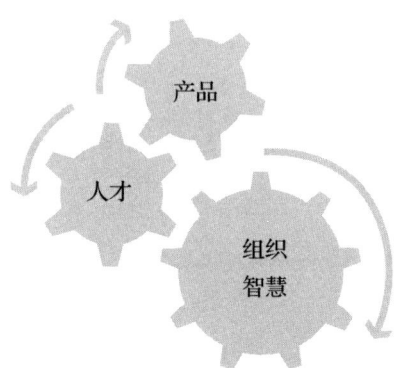

图2-5 组织核心竞争力的三大关键因素

团队共创法(Team Consensus Method)由ICA研发并在全世界推广,作为促进团队达成共识的流程开始使用。团队共创是一种使群体能够迅速达成共识的促动技术;它遵循人类大脑的自然思

维过程，通过挖掘及综合代表各种观点的人们的聪明才智，形成创新的、可行的决策和计划。团队共创法可以促进参与者实现求同存异、缩小差距、扩大共识和共创共赢等目的（如图2-6所示）：

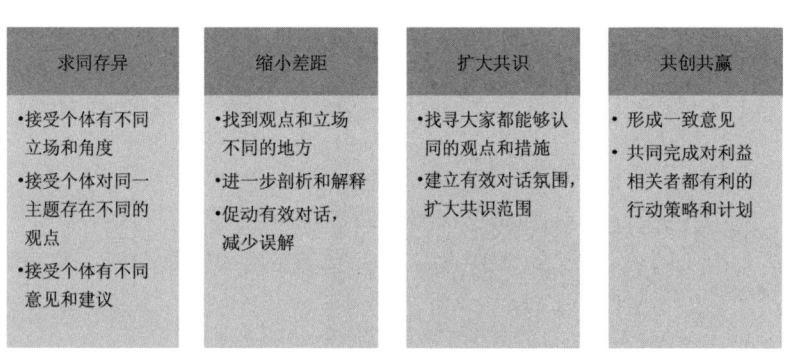

图2-6　团队共创法的目的

团队共创法经过不断演化，逐渐形成了沿用至今的五大步骤。这五大步骤具体如图2-7所示：

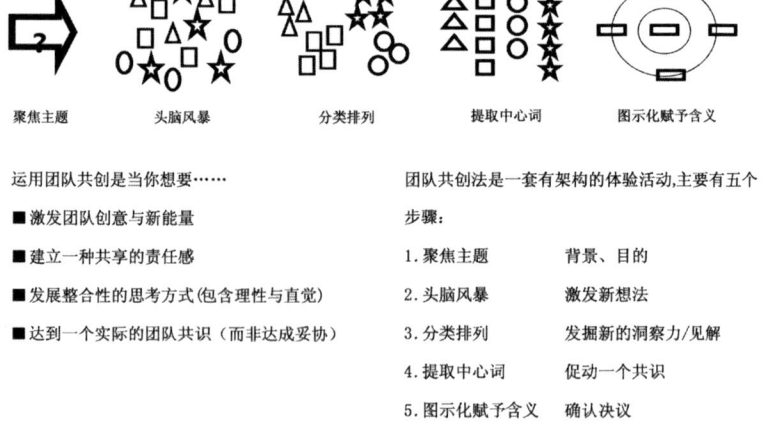

图2-7　团队共创法的五大步骤

1. 第一步，聚焦主题

明确本次团队共识之旅需要回答的问题是什么，以及这个问题为什么那么重要。聚焦主题的过程包含以下内容：

- 焦点问题——此次团队共创要回答的问题是什么？
- 可视化成果——这次团队共创希望得到的可视化成果有哪些？
- 团队体验——在本次团队共创中团队成员需要一起体验什么？

2. 第二步，头脑风暴

通过头脑风暴收集参与者所有的想法，并对各自所提出的想法进行思考。在这个环节，促动师需要给大家一定的时间，各自独立进行头脑风暴，将想法写在卡片纸上。促动师要鼓励参与者将想法都写下来，不要顾虑是否会出错，想法个数一般为 20～40 个。

促动师可在现场解释头脑风暴的基本原则（如图 2-8 所示）。

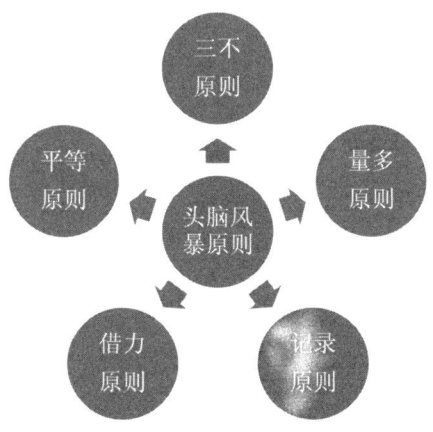

图 2-8 头脑风暴的原则

- 三不原则：不自谦、不批判、不阻拦。
- 量多原则：数量越多越好。
- 记录原则：所有的想法都需要记录下来。
- 借力原则：可以在他人想法的基础上继续提出新的想法。
- 平等原则：参与人员一律平等。

3. 第三步，分类排列

这个环节是用来梳理散乱的想法，以新视角发现不同想法之间联系的。促动师会请参与者将卡片进行归类。如果遇到单张成列的卡片，就需要将其合并到其他列，或者放到"停车场"去。同时，为了能够帮助参与者更好地记忆和思考，最终列数一般在3～7类。太少属于过度合并，会影响下一步骤；太多又过于分散，不利于记忆。

把类似的数据归类分组是个非常自然的过程：

- 强调直觉：用理性思维和直觉思维两种形式，更强调直觉。
- 给数据赋予新的含义：这是个非常有创造力的过程，因为人们会指出原来不曾看见的数据和问题间的关系。用这种方法给数据赋予新的意义。

4. 第四步，提取中心词

这一环节的目的在于帮助参与者从一堆归好类的意见当中产生一个完整的新想法。在这个环节，促动师需要带领参与者去发现每列卡片共同表达的是什么，隐藏在不同想法背后的真正含义是什么。由于所提取的中心词是在所有想法基础上产生的新想法，所以不能简单从该列想法里找出一个能够涵盖其他想法的卡片作为中心词。

5. 第五步，图示化赋予含义

这一环节是将所产生的新想法进行结构化的过程，通过创造出来一个合适的图像来反映新想法之间的关系，确定在问题解决过程中不同想法所起到的作用是什么。图示化赋予含义在团队共创中属于可选步骤，在不同的应用场景中，可基于促动师的需要选择使用。

团队共创后，促动师可以带着参与者回顾成果之意义，并询问团队共创之后的下一步骤是什么。

团队共创中，当参与者陷入争论或者对观点的辩护时，人们往往忘记了来开会的目的是为了找出解决方法，都忙着维护自己的面子而不断表达自己的观点。团队共创法通过这五个步骤使参与者能够说出个人的想法，并综合所有的观点和见解形成新的想法。它让人们尊重并理解彼此的观点和体验，看到自己的观点和别人的观点之间的关系。与此同时，它打开并拓宽自己的见识，使每个人获得对现实的不同看法。它让团体彼此倾听，汇聚各自的智慧以作出决定。

第二章 智慧互联：提升领导力的十种促动技术

案例分享

任店长利用团队共创法解决困扰门店的共识难题

N连锁酒店是一家有着20多家分店的知名企业。任红的分店位于被称为"中国好莱坞"及"中国红木家具之乡"的横店镇。分店生意不错，业绩在集团内部位居前列。但同时她也有一些隐隐的担心：门店的员工多数是来自周边农村的"90后"，工作积极性不高，容易因琐事离职。而且由于离职率偏高，关于门店宣传、提升出租率等任务都落在任红一个人身上，这让她总是感到疲惫不堪。

自从在集团培训接触到促动技术之后，她大受启发，决定用这种新方法来激发大家的积极性。于是一回到自己的店里，任店长就向各部门负责人和核心员工发出会议通知，邀请大家来参与一次"如何提高门店知名度"的促动会。

会议开始前，任店长根据预计的参会人数准备了相应物料（如图2-9所示）。

团队共创法物料准备
1. 笔：彩色记号笔1盒（12支装）
2. 胶：宽3厘米美纹胶1卷
3. 纸：A5卡片纸100张，A1、A2、A3纸各2张，便利贴3本
4. 计时器：1个

图2-9 团队共创法物料准备

会议开始，任店长一改以往长篇大论的做法，先就会议主题及目的进行说明，然后分享了现在公司各门店出租率水平、所处地理位置特征、同区域其他酒店的出租率水平。这

些数据使与会者了解到：虽然门店在集团的整体排名靠前，但相对于同区域的其他品牌及无品牌酒店来说，出租率仍不高，有很大的提升空间。

之后，任店长请大家谈谈在工作进展过程中发现的问题，通过归纳总结，发现主要集中在以下几个方面：

第一，周边小酒店数量多，价格便宜，且多数离景区很近。不少游客图省事就直接在它们中进行选择，很少有人注意到景区附近还有一家知名酒店的分店。

第二，员工工作技能有待提高。前台员工在接待的时候不能100%做到微笑服务，非前台员工见到客人很少打招呼。另外，令客人长时间等待的事情也时有发生。

第三，同周围其他酒店相比，除了有品牌优势之外，没有突出的特色服务。比如，其他酒店会设置健身房等，而本店只有最基本的住房和早餐。

第四，本店员工离职率高，稳定性差，大家常常忙不过来，感觉压力很大。

接下来，任店长和大家一起确定了门店出租率提升的关键问题——如何提高门店知名度。任店长请助理用蓝色笔在一张事先画好的带红框、右下角有一个靶心状图标的A3纸上将该主题写出来，贴在事先准备的促动墙上。

接着，任店长将便利贴分给大家，请大家用5分钟的时间头脑风暴，并将思考结果写在便利贴上。每个便利贴上写1个，大约写10~20张。完成之后，任店长把大家分成3个小组，请大家在组内分享，并请每个小组选出5个最佳想法，分别写在5张A5卡片纸上。这5张卡片的写法要遵循一定的原则。首先，这几张卡片要横着放；其次，每张卡片只能写1个观点，且是小组成员达成共识的结果；再次，每个观点在12个字左右，用彩笔书写，字要足够大，以保证贴到促动墙上之后，所有与会者都能看见。

另外，在大家讨论、书写想法的同时，任店长准备好4厘米左右长度的美纹纸胶条约30条备用。在确定大家都完成任务之后，任店长请每个小组找出"最希望立刻与大家分享"的两张卡片。

任店长拿到卡片后，一边念出纸上的文字，一边将卡片贴到墙上。贴完第2张准备开始第3张时，任店长说："一会儿我再念到的内容，大家如果认为表达了相近的意思，请说出来，我把它们放到一列上。"

在做分类排列的过程中，任店长没有加入个人的解读，也没有去主导大家卡片应该怎么排列，她仅仅是念出卡片的内容，然后请大家自己去决定应该归入哪一列或是单独成列。

当所有卡片都"上墙"后，任店长发现他们排出了8列，而且有几列仅有一张卡片，于是她告诉大家："因为这是一趟'共识之旅'，所以不能出现'孤儿'，也就是一个卡片成列的情况。现在就让我们来看一下能否帮助每一个'孤儿'找到它可以去的'家'。"

她逐张找到"孤儿"，念出上面的内容，并询问："大家认为它可以去哪一列？"大家重新思考后，为每张"孤儿"找到可以加入的那一列。但是，在为"推出特价房、限时房"这一张卡片归类时,大家出现了分歧。其中一方认为,这个想法应该和"开发会议室"等想法放在一列;另一方则认为应该和"添加有特色的装饰品"放在一列。双方谁也说服不了谁。

任店长请双方分别澄清自己的主张。一方认为,因为特价房、限时房的推出需要改变房间的设施,所以应该是与硬件相关的;另一方则认为,因为特价房和特色装饰品一样是为了招揽客源,增加客流量。弄明白了双方所持理由,任店长最后请想法的提出者小张讲一讲他写这个想法的原因,以及倾向于放在哪一列。小张想了想,说他想表达的倾向于招揽客源这方面,并说明了原因,大家也就理解并接受了。于是,"推出特价房、限时房"最终放在了"添加有特色的装饰品"那一列。

所有卡片成列后,任店长告诉大家,接下来即将进入提取中心词的环节,并从卡片最多的一列开始。解说完毕,她拿出一张画好红框的A5卡片纸,放在最长的一列卡片之上,并将此列卡片内容全部读了一遍,然后,请大家为此列卡片命名。命名之前,任店长向大家宣布了命名规则。

命名规则主要包括四个方面。第一,中心词能够回答主题,并涵盖该列的所有想法。第二,中心词在6个字左右。第三,如果是回答诸如"如何"这样的问题,中心词需要有动词。第四,中心词不能与该列卡片中某一张完全相同,而需要能涵盖其内容。

最长一列完成之后,依次是次长一列……在完成所有列的中心词提取后,任店长给每一列标号;同一列的卡片纸上标记同样的数字,以方便之后整理时知道这些是同一列的(如表2-3所示)。

表2-3 团队共创中心词提取

中心词	1. 加大宣传力度	2. 硬件完善与维护	3. "诱惑"客源	4. 开创旅行社	5. 客户开发及维护
每列的建议	1. 通过邮件、微博等媒介提供优惠信息	2. 发展非正量非正式渠道商，进行合作	3. 推出我们店的特色服务，可以发挥地理优势，做一些景点介绍的宣传册	4. 我们实行自驾游，打破横店的垄断	5. 发展本地客源和协议单位
	1. 在景区投放宣传手册	2. 添加一些有特色的装饰品	3. 举办活动，赠送礼品	4. 一天游横店，一天游磐安，改变旅游线路	5. 提升服务品质，微笑，做到客问即答，客来问即知客所问
	1. 加强团购的能力	2. 开发会议室	3. 客人自己带朋友过来，房价优惠		5. 发展周边企业和机关，成为协议单位，并做好回访
	1. 去景点进行宣传，让游客知道横店镇上有一家N连锁酒店	2. 作为新开门店，去除装修上残留的气味，不让客人有不适感	3. 添加一些有特色的装饰品		5. 发展固定客源（例如大厦办公区域的写字楼）
	1. 网络媒介、异地宣传，固定客源和协议单位维护稳固	2. 完善客房内宾客用品的种类	3. 推出特价房，限时房		
	1. 到各个景点发出自己门店的宣传资料	2. 开通数字电视			

043

提取中心词完成后,任店长请大家讨论:我们可以创造一个什么样的图示来给我们的讨论成果赋予含义?经过讨论,大家决定用一棵大树来进行图示化(如图2-10所示)。

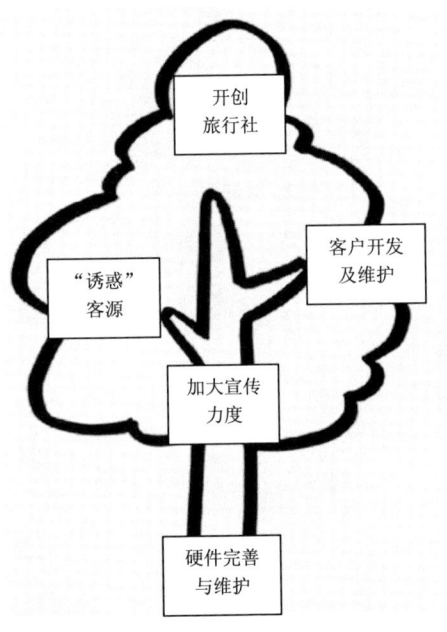

图 2-10　N 酒店横店分店团体共创树形图

前台的小张还为大家阐述了这张图的内涵:如果把"提升横店店知名度"这个主题看作一棵树的话,树根,也就是最基础的工作是"硬件的完善和维护",因为不管你的服务有多好,如果硬件太差,客户也不会选择你;树干,也就是起作用最大的,应该是"加大宣传力度";"'诱惑'客源"和"客户开发及维护"应该是树枝,在有一定客户量的基础上会增加我们的营收;"开创旅行社"则是树叶,是在酒店发展特别好的情况下可以拓展的副业。

最后,任店长让大家决定愿意为哪个新想法的实施负责。后勤部的小陈领了"硬件完善与维护",前台的小张领了"加大宣传力度",餐饮部的小刘领了"'诱惑'客源",店长助理小郑则领了"客户开发与维护"。

想法领完之后,其他人也报名参与到各个小组中,并打算立刻组织会议确定下一步该怎么去做。任店长从开店以来,从未这样切身感受到店员们认真而投入的劲头儿,她决定继续报名参加公司组织的其他促动技术的培训。除了达成共识,她还想如何促进大家把想法落地呢!

(本案例由WFA国际促动师协会高级促动师王乐提供)

三、世界咖啡——打破部门墙与激发创新就这么简单

彼得·圣吉曾经说过：世界咖啡对话是我所见过最能帮助我们体验集体创造力的一种方法！

远古时代，我们的祖先围着篝火唱歌、聊天，在苍穹星空下以一种原始质朴的方式来交流。现代社会，很多妙不可言的新想法也是直接在咖啡厅的交流中绽放成果的。1995 年，朱安妮塔和她的伙伴们在一个雨天参与了一次来自七个国家的企业经营者、顾问及研究人员的聚会。也正是由于这个契机，朱安妮塔意外地创造了"世界咖啡（The World Café）"。

因为是雨天，聚会的朋友们不能去户外，朱安妮塔和她的伙伴们便把客厅变成了咖啡厅。在咖啡和美食中，不同桌子的伙伴在白纸上边画边写边聊。有的伙伴在聊天过程中提议去别的桌子"串门"，这样可以融合不同小组的想法。当汇谈结束时，大家惊喜地发现，群体的智慧竟如此自动自发地浮现出来！人们通过来回走动，自然而然交流融合的智慧显得那么有力又那么妙不可言。

"世界咖啡"是一种集体提出问题、分享观念的方法。通过创造一个像咖啡馆般让人觉得舒适的空间，透过分组讨论、交互轮

替的方式，让人们去交流讨论与他们有关的事情，让多元丰富的观点与意见得到最大激荡，让集体智慧油然而生。

"世界咖啡"的宗旨是：

- 每个人皆活在因对话而产生的行动节奏中。
- 人们有足够的智慧和创造力。
- 人们在对话过程中串联、共构，审视攸关自己人生、工作的问题。
- 人们透过所参与的对话网络能够"催生出一个新世界"。

"世界咖啡"的运作过程如图 2-11 所示：

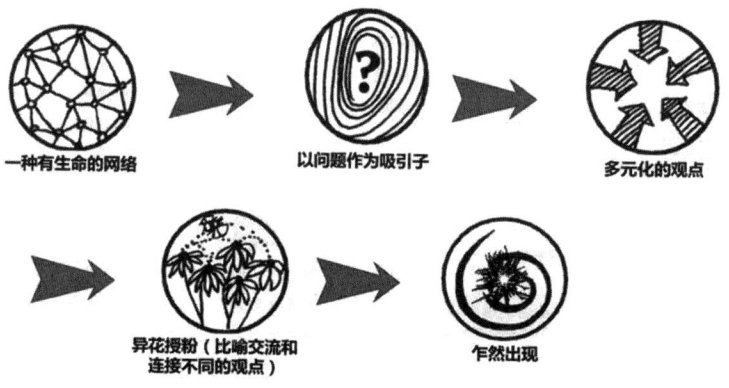

图 2-11 "世界咖啡"的运作过程

"世界咖啡"可以在安全、平等、友好的氛围中，营造出令人心动的群体交流方式。通常，汇谈的话题是特定的问题。汇谈可以在组织内部不同人群间展开，可以在不同部门间展开，也可以在来自不同背景、不同组织的人群中进行。

"世界咖啡"让参与者从既定模式中解放出来，使人们能够用全新视角来看待自己和团队，真诚表达自己的想法。每个人的观点如同一条智慧的小溪，借由对话汇聚成智慧的海洋。"世界咖啡"通过分享对话的意义，在群体和个体中获得新的理解和共识。

"世界咖啡"让"有差异"的人聚焦主题，真诚对话。"世界咖啡"倡导的规则为"理解、欣赏、连接、聆听、随手记录和涂鸦"，即在沟通中理解彼此的陈述和想法，深度聆听对方表达的真意，随手记录关键想法。"世界咖啡"以全新的角度把"对话"当作一个核心流程，让团体和组织通过对话去改造周围环境。同时，"世界咖啡"汇谈总在轻松的气氛中开始，让参与者轻松打开话匣子，全心投入对话。

从理性层面来看，"世界咖啡"提高了参与者的对话力，从而在之后的日常工作中建立可持续的连接关系；从感性层面来讲，可以帮助大家放下防备，真诚对待，彼此了解。将"世界咖啡"应用在跨部门沟通的管理上，跨部门沟通中"本位主义""封闭主义""推诿主义"等阻碍要素会在"世界咖啡"对话过程中瓦解，并可以以"世界咖啡"为起点，开启后续专项沟通和日常沟通更加有效连接的可能性。

"世界咖啡"通过促进跨界、跨行业不同的人员参与，带动同步对话、分享知识、找到新的行动契机，在重要议题上为组织催生出领导行业，领导趋势的创新成果。

企业管理者可以如何应用"世界咖啡"呢？具体可以通过以下 8 个步骤来进行。

1. 第一步，设定情境

设定情境需要厘清几个问题。比如，自己为什么要做这场"世界咖啡"，目的是什么，需要邀请哪些人参与，需要准备什么样的空间。我们需要了解召集"世界咖啡"的目的，以及能从"世界咖啡"中希望看到的最好结果。

2. 第二步，营造友好的空间

"世界咖啡"研讨要取得更好的效果，就需要管理者尽量把房间布置得温馨美好。如果地点选择在企业的会议室，可以买几张桌布，把会议桌布置得像咖啡桌一样，选一些轻松的音乐。

3. 第三步，设置问题

一次"世界咖啡"的对话可以集中精力探索一个问题，也可以针对多个问题从不同角度寻找答案。好问题会有好答案，有积极能量、引发思考、耐人寻味的问题将会开启"世界咖啡"对话的魔力。

以惠普公司为例。有一次，在"世界咖啡"研讨会之前，公司向与会者表达了这样一个主题——"惠普如何打造一个世界一流工业实验室"。结果，应者寥寥。在经过一次团队的"头脑风暴"后，主题修改为"惠普如何为世界打造一个一流的工业实验室"。结果，人们想要参与的热情远远超出想象，甚至一些公司以外的专家、其他公司的技术高手知道后，都致电他们，希望能够参与到研讨会中来。

为什么前后两次反应差别如此巨大呢？这是因为，前者的出发点只是为了惠普公司自己，不熟悉情况的人很难提供意见；而后者希望为世界贡献一个一流的工业实验室，从而激发起有能力、有热情的参与者们想要贡献自己的智慧，这个问题本身已经打破了公司的界限，唤起了人们内心深处的一种奉献与责任感。这就是一种有能量的、耐人寻味的问题。

英特尔在早年一次"世界咖啡"研讨会中，向与会者提出这样一个问题——20年后人们会有怎样的行为习惯？与会者中有人类学家、心理学家、行为学家、公司管理者、IT技术专家、未来学者等。此次会议的具体讨论内容已经不得而知。然而，此次会议的成果之一是英特尔研发出了无线上网技术。参与者跨界的背景是一个关键，但毋庸置疑的是英特尔提出的是一个引发无限思考的问题。

4. 第四步，主持开场

主持开场需要介绍"世界咖啡"的目的和相关探讨流程，分享与主题内容相关的知识。管理者在开展一场"世界咖啡"时，最好能够提前发送相关简介与会议流程给参与者。对于从没有接触过这种研讨方式的人来说，"世界咖啡"可能会挑战大家传统的研讨习惯。"世界咖啡"的成果是以一种"乍然出现"的形式呈现的，普及需要一定的时间。所以，管理者如果第一次主持"世界咖啡"，需要做好预热工作。

5. 第五步，开始汇谈

以上四步完成后，就可以开启"世界咖啡之旅"了。促动师提出汇谈的第一个问题；让各组人员相互介绍；确定好桌长（即桌促动师）、计时员等；铺开桌布（桌布通常是一张盖满桌面的大白纸），在汇谈时鼓励大家将想法记录或涂鸦在桌布上。

促动师在第一轮，为了吸引大家对主题的注意力，充分贡献智慧，可以向小组成员提出以下能促进思考的问题：

- 关于这个主题，目前我们拥有哪些信息？还需要搜寻哪些信息？
- 大家觉得我们探讨的问题有哪些重大的意义？
- 这个主题中对你来说重要的是什么，你为什么在意它？
- 你到这里来参与研讨的目的是什么？
- 静静思考一下：在这种情况下我们还有什么机会？
- 这种情况下，我们面临的困境或机遇是什么？
- 在这个问题上，你提出的观点背后的假设是什么？
- 如果现在站在月球上看这个问题，你有哪些新的想法？

6. 第六步，旅行采"蜜"，异花授粉

"世界咖啡"成功的关键之一是鼓励参与者在不同桌子间走动，和不同伙伴交流，贡献和连接想法，从而把小组的汇谈扩展成全场的汇谈，不断把彼此多元的想法做网络连接，碰撞出跨界智慧火花。

在上一轮汇谈结束时，促动师可以请桌长及一名记录员留下，其余的人做"小蜜蜂"，"飞"到别的小组贡献智慧也收获智慧。"小蜜蜂"可以顺／逆时针飞到下一组，也可以如同天女散花一般，同步飞到不同的小组去。如果时间允许，可以飞2～3轮。

促动师让"小蜜蜂"飞出的方法很多，基本原则是"混搭"，就是不同小组的参与者最大限度地进行交流。比如，可以给大家

不同颜色的笔或者杯子，在飞行前请拿同颜色笔/杯子的"小蜜蜂"飞到一组去。促动师在"小蜜蜂"落座后，请"小蜜蜂"将主要的想法、主题或者问题带到新的讨论中。

桌长要欢迎新伙伴并带领大家自我介绍。至于具体形式，可以请组内的记录员，也可以自己介绍刚才本桌所记录的内容，之后请"小蜜蜂"将这桌的想法和他们刚刚讨论的内容做连接。

为了促进来自不同小组的伙伴们连接彼此观点，桌长可以提出以下问题：

- 大家聆听了来自不同小组伙伴的观点，在我们小组里有哪些想法之间产生了连接？在各种观点的背后，我们听到了什么？
- 刚才的汇谈中出现了哪些新的观点？你想做哪些新的连接？
- 对话过程中哪些对你来说有真正的意义？哪些让你感到兴奋/吃惊？哪些让你感到迷惑？哪些对你来说是一种挑战？
- 到目前为止，我们的桌布上还缺少什么？我们还希望看到哪些内容？哪些地方我们需要更加明晰？
- 到目前为止，你从伙伴们的对话中主要学习到什么？
- 我们还需要哪些更深层次的思考？

7. 第七步，总结汇谈

最后，"小蜜蜂"回到本桌，把从其他桌采集的智慧贡献在本桌的主题上。

在这个环节，桌长请留在本桌的伙伴先分享其他"小蜜蜂"来贡献的智慧。之后，请飞回的"小蜜蜂"分享采回的智慧。在大家观点充分地相互连接后，桌长可以向组员提出以下问题来启发小组组员开拓创新，或者产生下一步的行动。

- 如果我们要对此问题进行创新与变革，需要采取什么行动？
- 我们如何让自己能全身心地投入到行动中？
- 下一步，我们注意力需要马上集中到哪里以取得进展？
- 如果有一根"仙女棒"保证我们能百分之百成功，你会选择实施哪些大胆的举措？
- 我们应该怎样互相帮助开展下一步的活动？我们各自愿意贡献什么？
- 我们会面对什么样的挑战，怎样应对？
- 我们怎样才能为未来创造更多的可能性？
- 我们今天播下什么样的种子才会对未来有重大的意义？

8. 第八步，集体分享

通常，在"世界咖啡"结束时，促动师可以邀请小组来报告本组的成果，促进小组间进行一次全体分享和交流，可以请小组伙伴们将自己小组的桌布张贴在墙上。此时，桌布上已经写满了文字，画满图画。如果桌长有经验，或者组内拥有绘画能力的参与者，这张充满智慧的桌布将如同艺术品一般呈现在众人眼前，也将再次激荡起现场伙伴高昂的情绪。人们会纷纷给桌布拍照，惊叹小组成员智慧的结晶是如此惊人。

"世界咖啡"鼓励每个人都发表自己的观点。一些平时看起来不怎么喜欢说话的伙伴，在"世界咖啡"的曼妙氛围中，常常一鸣惊人，展示耀眼的智慧。

案例分享

郑经理运用"世界咖啡"打破部门墙，激发群体智慧

2013年年初，G汽车公司面对内部市场竞争和外部战略转型的处境，推出一个跨部门项目——"精品工程"。"精品工程"项目要求四大分厂的人力、采购、物流、质量等部门高度协同，各部门需要分解工厂的整体质量目标，围绕分解目的制定关键行动并实施。

项目启动大半年了，质量部的郑经理作为项目经理没少花心思，但是项目却没有什么进展。大家还是集中精力做自己原来做的工作，没有投入什么时间精力在这个"精品工程"上。为此，郑经理找到集团总部来检查项目情况的马总，把自己的苦恼与困惑和盘托出。马总聆听了郑经理的苦水，建议可以创造一次各部门真诚对话的机会，让大家走进彼此的内心，了解彼此想法。

郑经理基于所学的促动技术，设计和策划了一次跨部门沟通的"世界咖啡"。

项目组在多次考察后将地点定在一个车间员工休息点，有绿被点缀环绕，环境比较符合"世界咖啡"的要求——轻松美好，让大家卸下心理防备。

在郑经理的大力邀请下，来自人力、采购、制造等部门的领导及核心人员等21人在约定的时间聚到了一起，在郑经理的主持下开始了一场名为"精品工程与职业幸福感"的主题咖啡活动。21个伙伴分成了4个小组。

郑经理首先介绍了本次会议的主题,"世界咖啡"是什么,今天的研讨流程,然后,介绍了相关讨论规则:第一,彼此理解和尊重,设身处地,感同身受。第二,欣赏彼此的观点。第三,寻找共识和连接。第四,用心聆听彼此的分享。第五,鼓励大家记录和涂鸦主要的想法。第六,遵守时间。"在今天的这场对话的旅程中,我们会有'异花授粉'的旅行,在座的伙伴中会有机会做'小蜜蜂'飞到其他小组采'蜜'。我们会看到,我们的智慧成果就像异花授粉一样,在不同小组之间的碰撞中产生。"郑经理笑着说道。

沟通一共有四轮。第一轮沟通,郑经理先提出了一个问题:"关于今天的主题'精品工程与职业幸福感',大家有什么心里话想要分享吗?"然后,每桌的伙伴开始在桌长的带领下进行讨论。

来自人力部门的伙伴小陈说:"有幸福感的工作是工作的价值得到认可。兢兢业业完成工作,我希望得到同事和领导的肯定,那种感觉是非常幸福的。"来自物流部门的小王说:"我希望工作之外,能够实现工作和生活的平衡,能够有充分的时间陪伴家人。家庭幸福了,工作自然也会以更好的心情去投入。这种工作和家庭的兼顾,对我而言就是幸福的状态。"……25分钟过去了,郑经理举起了手请大家静下来。

第二轮沟通,郑经理首先向参与者提问"旅行的意义",有的伙伴回答"旅游可以放松自己",有的伙伴回答"旅行可以看到不同的人和风景"。接着,郑经理通过"旅行"的概念

第二章 智慧互联：提升领导力的十种促动技术

引导大家开始新一轮"旅程"——除了桌促动师固守家园外，其他的伙伴做旅行者去往其他小组，比如 1 组有 3 个伙伴分别"飞"到 2、3、4 组。

在新的小组组成后，桌长首先让大家就第一个问题进行互动，让伙伴们看看来自不同小组的伙伴对同一个话题都分享了些什么。来自涂装厂的小汤说："欢迎大家来我们这个小组，接下来也请大家彼此再认识一下，之后我会介绍我们的成果。"大家开始互动介绍自己。小汤接着介绍本组的成果："我们这一组刚才主要的观点是，有幸福感的工作是工作有乐趣，个人价值得到呈现。"来自 2 组的小陈介绍完刚才第一轮的汇谈结果后，来自 3 组的伙伴也开始分享："我发现我们组的情况和大家都很接近，不过有一个点是大家没有谈到的，就是幸福感并不是工作本身给予的，而是我们对待工作的心态是如何的，我们活在当下，去虔诚地对待工作和遇到的工作伙伴，这便是幸福。"

当大家分享完第一轮的汇谈结果后，接下来 1 组的桌促动师开始组织小伙伴们讨论"什么是精品工程？它有什么意义？"大家开始分享观点，贡献智慧。

时间慢慢过去了，主持人郑经理举起来右手提醒大家本轮汇谈结束。

第三轮沟通，郑经理继续促动各组伙伴进行"旅行"，确保通过两轮汇谈，每组都能得到其他 3 个小组伙伴的想法和观点，并将想法观点进行交换和连接。桌长提出了一个引发智慧连接和深度思考的问题:"我们的观点有哪些连接,大家看到了哪些更加深层次的含义?"

来自总装厂的小丁,在组织大家彼此认识后,开始分享:"我们也希望在工作中自己去发现工作乐趣。有的工作岗位都是标准化的,可能看起来每天都在做重复的工作,但我们愿意去做一些发现,比如做工厂质量统计的伙伴可以把我们的统计表格做得更精致并每天发短信报道讯息。"大家都认真聆听小丁的发言,有的伙伴还做了一些记录。

"世界咖啡"最后一轮沟通,郑经理让大家回到原组,一起沉淀和分享"旅途"中的体验和收获,促进大家将前三轮沟通的信息和各个组的信息进行连接,并使用创意海报的形式进行呈现,找出"如何提高精品工程并提高幸福感"最重要的三个行动。"小蜜蜂"都"飞"回到最初出发的小组,大家久别重逢,有很多话要说。大家开始一起将刚才前三轮得到的主要信息做分享,借由大家共同的分享再来选出最重要的三点。

在最后一轮沟通结束后是集体分享,各组派汇报员进行演讲,全场聆听和互动。在这个环节,大家会惊讶地发现,每组的汇谈成果并非只来源于自己小组的伙伴,而是全场伙伴的集团智慧。第3组组长小牛走到大家面前,其他小伙伴拿着总结海报,分享开始了:"经由大家的共同探讨,我们小组认为,接下来要重点关注的三个行动是:第一,简化和优化跨部门团队和部门内部的工作流程，找到目前值得关注的流程，并在团队研讨下进行优化；第二，建立这个项目的激励措施；第三，建议团队学习小组定期进行学习和交流，计划每个星期有一次项目进展分享和学习交流活动。以上行动，我们建议在一个月内启动和落地。"

活动结束时，现场升腾起一种令人感动的氛围，大家在郑经理的带领下一起来回顾和分享体验。王厂长说："在整个活动中，最大的体会就是每个人能阐述各自观点，然后引发更多的思考。在汇谈中，没有对错之分，没有争论，只有每个人提出的新思路新想法去寻求可能性。"其他伙伴也分享了自己的感受。

这次"世界咖啡"让大伙开始真正重新发现自己和伙伴，成为跨部门有效沟通的新起点。自从那次活动后，郑经理又阶段性地组织一些跨部门团队"世界咖啡"和其他促动工作坊，部门之间的"墙"好像慢慢消失了，项目的效果也慢慢呈现出来。

（本案例由WFA国际促动师协会高级促动师金沙浪提供）

四、鱼缸会议——说出心里话再也不用担心尴尬了

随着社会分工越来越细,工作流程越来越复杂,个人如同一台飞速运转大机器上的某个零件,越来越身不由己。巨大的工作压力让埋首其中的人们无暇顾及他人,枯燥的事务性工作使得人们越来越倾向于封闭自己,减少和他人的沟通。长此以往,一个可怕的后果就会出现,那就是看不到也无暇顾及自己的行为对周围人或事物造成的负面影响。心的封闭是一切隔阂产生的根源。

俗话说,当局者迷,旁观者清。有什么办法能让个人或组织在深陷麻烦之前就能提早判明形势,客观评估自身工作的价值和意义,真心听取周围人的意见和建议,调整战略形成合力,实现多方共赢吗?有,答案就是:鱼缸会议(Fishbowl Meeting)。

从形式上来看,参加"鱼缸会议"的成员在促动师的引领下,本着真诚沟通、合作共赢的精神围坐在一起。某位被邀请进入圈中的成员("鱼"),接受来自于其他组织或部门成员的一切有利于其发展与提升的观点和建议。此时,圈中的"鱼"自始至终不能发言,只能倾听他人给予的意见和建议,就好像是鱼缸中供人观赏的金鱼。参加鱼缸会议的其他成员会以真诚、恳切的言辞对

被反馈者进行集中的反馈。之后，其他成员也轮流进入圈中，作为"鱼"，接受伙伴们的反馈。在这种相互反馈的过程中，伙伴们心门打开，坦诚交流的氛围也逐渐形成。

国内的管理者在管理过程中，很多时候不知道如何给予下属反馈，也无法促进团队成员相互给予真诚反馈。因为管理者很多时候无法正确处理团队成员面对反馈时的自然反应：如果有人指出他的错误，他不是不买账，就是认为是他人的责任。为什么会出现这种现象呢？

心理学的研究表明，人们都习惯性地将错误归结于自身以外的因素。这或许是出于自身的防卫心理，因怕担负责任而恐惧受到处罚；或许是认为法不责众，大家都这么做，我一个人做错了也没什么。例如，在一次半年度的销售会议上，销售经理面对惨淡的销售业绩而去责怪设计制造部门："我们的设计和生产工艺都太落后了，对手从国外引进了一套全新的生产工艺，一下子就把我们甩在了后面，现在我们的产品根本无法和别人竞争，销售指标下降我有什么办法？"此时，总经理会责怪产品设计部门，而产品设计部门则抱怨财务部门："我们去年就知道对手调整了战略，要引进国外最新的生产工艺，当时就提了建议，给财务部说要拨专款引进全新工艺，但他们说没有预算，根本就不给我们机会，否则今年也不至于这么被动。都是他们看不清形势，太保守了！"

面对这样的问题，一次旨在提升成员间信息交流反馈、营造团队反思力的"鱼缸会议"就势在必行了。此时，总经理可以作为召集人，把相关各方聚到一起，围绕问题交换彼此的信息，帮助各方以较快的速度和全新的视角看清自己的行为对其他部门及整个组织的影响。

例如，总经理可以围绕"如何提升市场销售业绩"这个主题，把销售部、产品设计部和财务部等部门负责人召集到一起，同时邀请与"公司业绩增长"这个主题息息相关的各个部门负责人加入。当大家围坐在一起后，就可以把某个部门负责人请进圈子中，这就相当于将其放置在"鱼缸"中，由其他部门来做评估了。要谨记，这个过程不是针对某个部门的批判会，而是本着坦诚沟通的原则，请其他几个部门借着作为"鱼"的这个部门所做的事情，逐一评价该部门在争创业绩的过程中取得的成果与亟待改进的地方，并给予意见和建议。

在整个过程中，被评估的部门认真聆听，用心了解各方的意见和想法。当所有人的评价和建议完毕后，"鱼"表示感谢，然后退出，邀请下一个部门作为"鱼"进入，再展开新的一轮。在这个过程中，伙伴们都有充分的时间进行思考和反思，一种积极聆听、深入反思的氛围也就此慢慢形成了。

"鱼缸会议"既能充分打造团队反思力，也能迅速提升企业软实力。所谓软实力，也就是凝聚人心的力量。"鱼缸会议"强调成员间的真诚反馈，提倡理解和互信，营造温暖关怀的组织氛围，有利于塑造积极向上、坦诚沟通的企业文化，对员工的个人成长也具有积极意义。"鱼缸会议"的成功举办，有赖于营造良好的沟通氛围，布置舒适的沟通场地。座位安排应紧凑，便于大家放下紧张和防卫心理，打开彼此的心扉。这种基于成员间坦诚以待的信息交流和想法碰撞，能形成一个充满信任力量的心理场，为与会者参与组织事务注入勃勃生机。

举办一次卓有成效的"鱼缸会议"需要事先做周密筹划，首先要做的是"规则设置"，它要求所有人都能放下防卫心理，以坦诚、包容的接纳心态用心聆听。因此，在这个过程中，"鱼缸会议"的主持人掌握有效的促动技术，懂得如何建立规则、维护规则是一件非常必要的事情。

当管理者希望基于促进团队成员相互坦诚反馈的目的召开"鱼缸会议"时，通常需要经过以下步骤。

第一步，明确"鱼缸会议"的主题。

第二步，组织方向每位与会者发一份邀请函，讲明会议的目的和主题，会议中应遵守的规则等。另外，管理者需明确告知大家，自己是作为促动师的身份，而非作为领导的身份来主持会议的。

第三步，根据参加会议人数多少确定落座方式，在人数较多时确保每个小组配备一名促动师，以保证该小组的有效互动。

第四步，明确"鱼"和"水"的角色。会议开始后，每个人逐一作为"鱼"轮流坐在圈的中间，讲述自己的优点和不足。之后，邀请其他坐在周围的人，即"水"，逐一对"鱼"进行反馈。在这个过程中，"鱼"只能倾听（可以在一位成员说完后简单地说声"谢谢"），但不进行解释；作为"水"的伙伴对坐在圈中间的"鱼"可以作出反馈（这一反馈要尽量结合行为和事实，尽量避免主观臆测）。促动师的作用就是有伙伴违反规则时要及时介入，比如"现在是水反馈的时间，请'鱼'先保持聆听"。

第五步，在他人的反馈结束后，每个当事人（即"鱼"）要表达真心的感谢。

要开好一次"鱼缸会议"，除了要保证流程顺利有效，还要注意以下事项。

首先，沟通环节至关重要。促动师要详细讲解规则设置，让每位参与者在做建设性反馈时，尽量以具体的事例做依据来叙述和表达，而非仅仅是个人情绪的传递。

其次，"鱼缸会议"是对话的一种形式，因此如果想作为领导批判会、检讨会，或是只有一个人讲其他人听的会议，不建议采取这种方式。

如何才能"对事不对人"地给予反馈呢？我们可以应用"SHARE模型"四步反馈过程，具体如下。

S：Situation，实际情况——提供一个容易识别的"时间地点"。

正面反馈 POSITIVE FEED BACK	建设性反馈 CONTRUCTIVE FEED BACK
在上星期的员工会议中……	在星期四下午……

HA：How it was Approached，怎样观察到的——描述观察到的确切行为。

你同意跟进关于新员工入职培训的相关问题，并及时向人力资源经理提供情况汇报。	财务部苏红说她花了10天的时间才获得回应，而且这是在她发了3封电子邮件和留了2个语音短信以后才得到的。

R：Result，结果——描述行为的重要性，它所作出的贡献或造成的损失。

| 你的工作使我们能够为这个项目提供有书面记录的反馈。 | 苏红现在不愿意在未来项目中再与我们合作了。 |

E：Expectation，对将来的期望——被反馈者需要巩固或改正什么样的行为。

| 我非常欣赏你的工作及你对本项目的投入。这确实帮助了我们大家。 | 我期待你主动与苏红做一次沟通，以达成基本共识，确保项目能按时完成。 |

反馈者的语气、态度、时机，被反馈者的个性类型、过去的职业经历都会影响反馈效果。然而，一般人们在接收到建设性反馈，即别人坦诚地告诉他做得不太好、需要改善的地方时，通常有以下四个反应，即吃惊、气愤、理性化和接受，也就是"SARA"反应（如图2-12所示）。

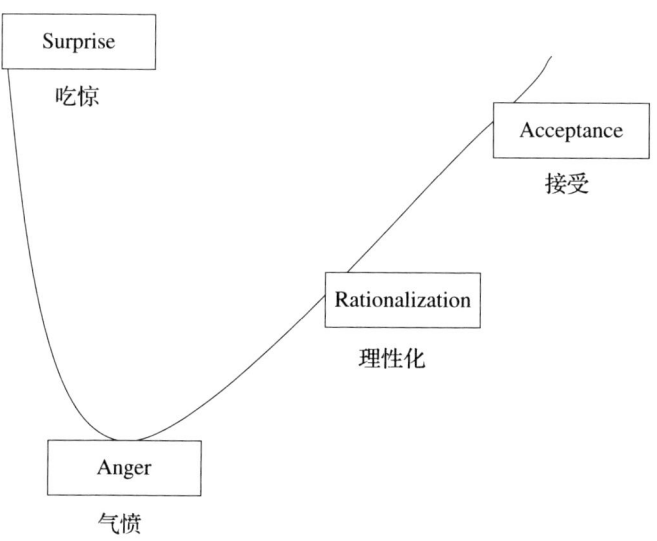

图2-12　SARA反应

作为一名管理者，请记住建设性的定义是"有用，有帮助，建立、推进或改进，获得积极的结果"。因此，当在"鱼缸会议"中要给他人提供建设性反馈时，首先，要掌握好"SHARE模型"的四步反馈法，这通常能让对方理性地看待你的反馈，而不是理解为"你在找碴儿"。

其次，在"鱼缸会议"中，不要在愤怒或还没有为讨论做好准备的情况下给予建设性反馈，在反馈的过程中也不要兜圈子，以免造成无效反馈，浪费大家的时间。

案例分享

钱经理运用"鱼缸会议"流程让大家坦诚交流"如何提升技术团队的内部建设"

钱经理是西部某大型生产型企业研发系统的一名部门负责人。他带领的部门员工主要是工程师和助理工程师。大家性格上多数偏内向，不善于表达自己的内心情感，个人有困难或疑惑也很少直接表达出来。所以，钱经理虽然十分注意与员工们的沟通，但在实际工作中，工程师们的家庭和生活问题也常会影响他们的工作状态。

2014年5月，在企业中高层管理者的培训中，钱经理第一次接触了"鱼缸会议"，便立即对这种沟通形式产生了浓厚的兴趣。它不仅能够深入员工内心世界，也能够帮助所有成员更有效地相互了解，促进团队成员之间有效对话，向内反思。学习结束后，他结合自己部门的实际情况，组织了一次"鱼缸会议"。

为能成功举办这次"鱼缸会议",钱经理提前做了精心准备,下了很大的功夫。因为必须要让参与者尽快进入到打开心扉的状态,彼此放下成见和心理防卫。

首先,他在准备阶段制作了有趣的邀请卡,逐个与受邀人员做初步沟通,明确是否自愿参与。同时,在内容上不做过多说明,让参与者保留一些好奇心。

其次,选择一个适宜的环境。他把场地选择在一个工业设计部门的工作间。在这里,11个人围坐一圈比较紧密,但又不会太拥挤;灯光相对柔和,这样可以让心绪平静下来。

最后,选择一个适宜的话题,避免笼统宽泛的主题,要聚焦到明确的、跟个人密切相关的点上。

准备完毕,"鱼缸会议"就正式启动了。参与者按照约定时间陆续来到了工作间,大家看到事先摆放在桌上的咖啡和龙井茶后,马上就活跃了起来,纷纷询问当天的培训内容是什么(该公司经常有一些正式或非正式的培训)。钱经理一脸笑容地回答:"今天没有任何培训,既没有讲义和PPT,也不需要做记录,只需要把自己'放'出来就行了。"在疑惑和期待中,参与者喝着咖啡聊着天,等待全体人员的到来。

会议开始后,促动师(钱经理)请所有参与者坐成一圈,告知会议的主题、目的和规则。会议叫作"鱼缸会议",内容就是聊天,规则主要包括以下几条:第一,坐在中间的"鱼"要先用三分钟向大家简明扼要地表达自己参加工作以来感到最自豪或有成就感、幸福感的事,再来阐述目前个人工作和生活中遇到的问题和困惑。第二，鱼缸里的"水"要逐一对"鱼"给予意见和反馈，而这些意见和反馈，最好是本人的经验之谈。在这个过程中，无论"水"说得正确与否，"鱼"保持聆听即可，在某个人结束对自己的反馈后说声"谢谢"。

借着柔和的灯光，老陈作为第一条"鱼"进入圆圈中间。他说最幸福的是有一个深爱自己的老婆和一个可爱的女儿，这几年最大的收获就是结识了一群好朋友；但是近期面临工作变动，心中飘忽不定，请大家给点建议。

外圈的"水"逐个给予他反馈。第一个伙伴王工稍稍犹豫了一下，还是大胆地说出了心声："老陈，这部门我跟你在一起时间最久了，你平时在部门都很关照我们。三个月前，我想离职，你和我聊了很多，从职业规划和家庭稳定的角度帮我做了分析，让我也搞清楚自己想要什么。这是你做得很好的地方。我觉得你最需要改善的一点就是，增加与大家的互动，坦诚地分享你的想法，让我们一起和你想办法，而不是你自己一个人闷着头搞，很多事情我们也非常想出力，但是不知道该怎么出。"

老陈听完后，按照"鱼缸会议"的要求，只说了声"谢谢"。其实，他本来也想分辩几句的："不是我想闷着头搞，我也希望招呼大家一起想办法，但是好几次都是想法满天飞没一个落地的，还不如我自己搞。"但是，他还是遵守了规则，继续听大家的反馈。而且，他在聆听过程中也开始反思："为什么王工会这样说呢？自己的问题出在哪？"……

一轮下来，大家明白了"鱼缸会议"的形式和流程，也深刻理解了"鱼"和"水"的关系。接下来,就是每个人作为"鱼"接受其他人的反馈了。

例如小高,他说自己最有成就感的是,在公司年度篮球赛中拿了双冠王,而且至今无人超越;困惑的是,发现自己已经毕业五年了,心智仍不够成熟,情绪很容易波动。他接收到的反馈有:认为他是有活力、阳光、乐于助人、踏实肯干的人,但是学生气太浓,做事之前要多点思考。一方面可以试着想象自己发脾气是否有助于解决问题,不要冲动;另一方面可以把自己的缺点写在电脑前、卧室里、门框上,让自己时刻关注并去调整。

有几条"鱼"在接受别人的反馈时,会在听到"自己认为不对的"内容时跟对方解释、讨论,也有其他人此时插进来说话。钱经理作为促动师再次申明了活动规则,让"鱼"保持聆听,让参与者逐次表达,中间保持尊重不评议、不插话。此后,大家都很好地遵循了这些交流规则,后续的分享很顺利也很有成效,效果远远超出期望值。

这次的"鱼缸会议"持续了三个半小时,取得了几项较为显著的成果。

第一,给予三名同事工作调动的建议,确定了后续工作安排。

如范工是在公司工作已经六七年的老员工,目前面临调岗,担心自己换部门后不能胜任新的岗位,缺乏自信。其他同事从他过往的业绩和能力表现方面进行肯定,同时帮助他分析新岗位的工作内容和胜任素质需求，鼓励他发挥所长并及时学习新的知识点以尽快适应。

第二，帮助四名同事梳理出了更加清晰的职业规划和学习、成长的方向。

如小王是"起航计划"的应届生，经过两年的工作学习，已经可以承担工程师的工作，同时他本人对职业发展前景有些迷茫，希望寻求更大的发展，却又找不到努力的方向，担心各方面的得失。其他同事建议他：在做好本职工作的前提下，主动学习相关岗位的专业技能，并承担更多工作，"练好内功待时机"。

第三，给予四名同事在情绪控制、表达能力、沟通方法方面的建议和经验。

这次"鱼缸会议"，还发现了一些团队成员的潜能，在以后的工作中主管可以结合他们的个人所长更好地为之分配任务。这种形式也加深了团队成员之间的认识和理解，不仅提升了部门的凝聚力，团队氛围也有了很明显的变化。

这次"鱼缸会议"也让钱经理对技术型团队建设有了更深的感触。他意识到作为技术型团队的管理者，要更主动地走出去，主动与下属沟通、谈心，关注其生活和工作方面的困惑。正如公司某老总说的："技术类人才大多腼腆、慢热、闷骚，管理者们需要想办法打开大家的心门，自己放开了先热了就会辐射开来，地瓜们就被烤熟了。"

（本案例由WFA国际促动师协会高级促动师沈蓦提供）

五、群策群力——快速解决问题与提升执行力的流程

群策群力（Work Out）源于世界最成功的企业之一通用电气公司（GE）。20世纪80年代末，通用电气公司提出：业务部门必须在行业竞争中达到行业数一数二的标准，凡是不符合此标准的部门将面临"整顿、关闭或出售"的结局。在如此重大的战略转变和机构改革之时，CEO杰克·韦尔奇采用了一种叫作"群策群力"的深入人心的内在流程。这套流程可以简单迅速地提出与解决问题，并决定最后谁来执行决策。从短期来看，"群策群力"可以帮助人们快速解决问题；从长期来讲，"群策群力"培养了组织的一种高效执行的文化，使GE公司成为当时盈利能力全球第一的世界级大公司。

"群策群力"会议程序

单纯从操作形式上来看，"群策群力"可以说是跨部门会议沟通与会议成果的执行。几个跨部门或跨级别的经理和员工组成小组，一起讨论他们发现的问题，或者是高管关注的问题，通过

对过去惯常的做法进行反思、讨论，再逐步提出建议，并在最后的决策会议上把这些建议提交给高管。高管召集整组人对这些建议展开讨论，并当场决定是否通过。然后，将那些能对组织产生影响的建议或新措施交给自愿负责执行并将其完成的"认领者"（owner），由他们一直做到有结果为止。"群策群力"程序如图2-13所示：

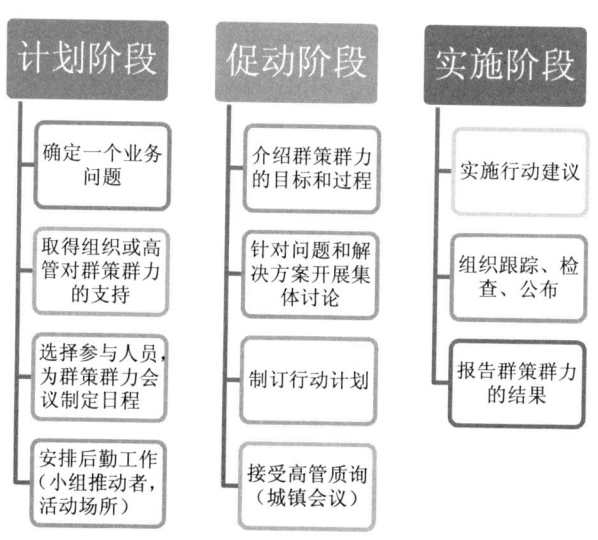

图 2-13　"群策群力"的程序

"群策群力"会议流程

杰克·韦尔奇发现，当时GE公司的管理层只重分析，单纯依赖命令与控制来管理，而不是让员工参与，也不会对员工充分授权。为此，他邀请了30多位管理专家进行讨论。于是，"群策群力"促动会的轮廓诞生了：大批分属不同阶层与职位的员工共同参与讨论组织中存在的各种问题，形成小组来研究简化工作的方法，高管必须在最后的"决策会议"上接受或者拒绝这些建议。这是为了强迫当时那些喜欢命令与控制员工的管理者参与到讨论中，听取员工的建议跟想法并与员工对话。

实行"群策群力"的好处多多：首先，可以快速找到组织存在的棘手问题，研究出解决方案，并有效执行落实；其次，可以在组织内部营造出一个全员平等、坦诚交流的环境，汲取组织的智慧；再次，可以快速解决企业中跨部门的扯皮推诿问题；最后，可以使问题的解决不再单纯依赖领导者，而是依靠各个部门与该问题直接相关人员的参与和贡献。一次"群策群力"会议的流程一般如图 2-14 所示：

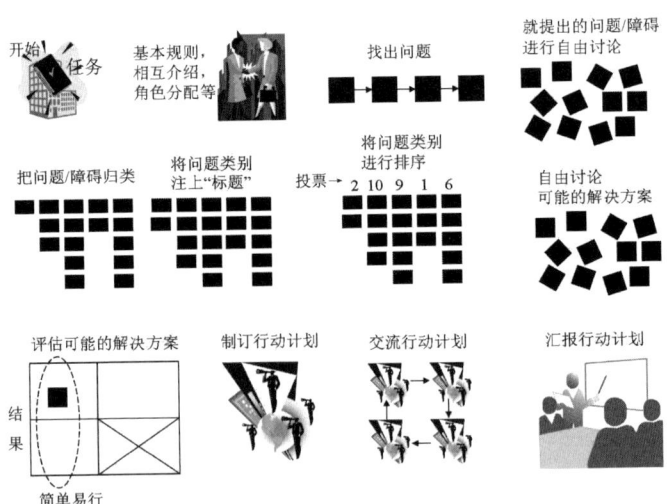

图 2-14 "群策群力"会议的流程

"群策群力"的过程能让参与者发出自己的声音,这让每个人的想法都能被倾听和关注,并且能被记录下来。这样的过程唤起了人们的参与感,过去被动接受任务的局面完全被颠覆,取而代之的是人们的积极参与,并对自己贡献了想法的措施给予足够的关注,接着自动自发地将责任承担起来。这也无疑是当今企业最想达到的成效。群策群力解决问题的特点主要如图 2-15 所示:

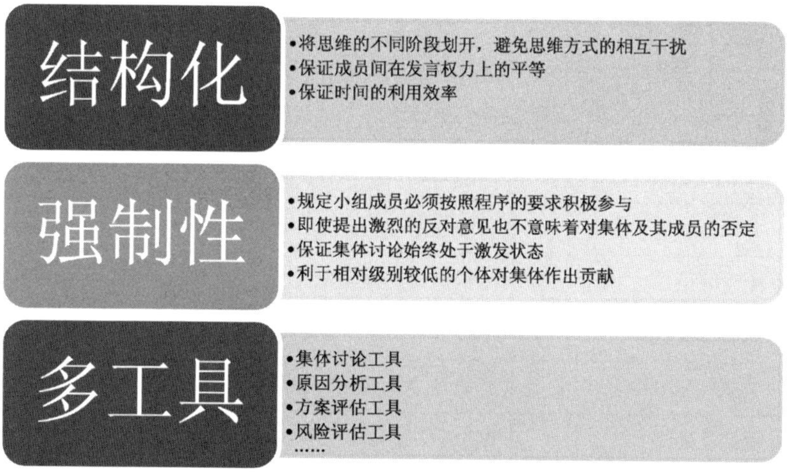

结构化
- 将思维的不同阶段划开,避免思维方式的相互干扰
- 保证成员间在发言权力上的平等
- 保证时间的利用效率

强制性
- 规定小组成员必须按照程序的要求积极参与
- 即使提出激烈的反对意见也不意味着对集体及其成员的否定
- 保证集体讨论始终处于激发状态
- 利于相对级别较低的个体对集体作出贡献

多工具
- 集体讨论工具
- 原因分析工具
- 方案评估工具
- 风险评估工具
- ……

图 2-15 "群策群力"解决问题的主要特点

杰克·韦尔奇曾经风趣地说道:"有一种办法可以证明'群策群力'已经成功了,那就是在公司里再也不用容忍我的领导风格了。"

就本质来说,"群策群力"的观念其实非常简单:最接近工作的人必然最了解工作,不管这些人在工作中担任什么样的职务,处在什么样的岗位,当他们的想法能够当场激发出来并转化为具体的行动时,整个组织将充满活力、创造力与执行力。GE 公司举办过几十万场群策群力会议,现场激发出来的点子不计其数,这使GE公司得以取用地球上不会枯竭的资源——人们的想象力与活力。这也是GE公司效益一路攀升的秘诀所在。

"群策群力"的步骤

"群策群力"的步骤也并不复杂,主要包括以下几个方面(如表2-4所示)。

表2-4 "群策群力"的实施步骤

聚焦问题	清晰问题,明确背景
明确参与者	关注问题,利益相关
障碍分析	分析原因,找到障碍
厘清目标(可选)	明确目标,瞄准靶心
头脑风暴	经验分享,连接智慧
决策矩阵	筛选想法,慎重决策
行动建议	建议呈现,团队碰撞
高管质询(城镇会议)	小组汇报,直面挑战

1. 聚焦问题

其中,在聚焦问题的过程中,要注意:

- 找出目前存在的问题,进行关键词提炼,明确群策群力的主题。
- 找出业绩与业务计划、预算或主要的业绩评估手段之间的差距。

- 明确客户对服务的预期及找到提高服务质量的方法。
- 同其他领域的经理会面，以检查那些跨部门工作的进展情况。
- 同竞争对手相比较的基准业绩水平。
- 召集全体人员，问他们是什么限制了业绩水平。基于这些问题，明确群策群力的主题。

在明确参与者的过程中，需要注意：

- 谁是此问题的重要利益相关者？
- 是否需要特别的信息和专家知识？
- 是否应该考虑用户、股东和客户的观点？
- 谁将是潜在的建议实施者？
- 谁有可能参加了这个过程后从反对者变为支持者？

2. 障碍分析

在障碍分析过程，可以通过以下方式来描述典型问题，如：

- 项目开发周期低于要求的50%。
- 废品率大于要求的1%。
- 客户满意度低于要求的2%。

可以用以下方式描述问题现象，如：

- 项目开发周期低于要求的50%。
- 设计周期比同行慢3个月。
- 手续报批比同行慢5个月。
- 确定产品标准比同行慢1个月。
- 变更相关事宜比同行慢6个月。

- 销售比同行慢2个月。
- 施工图慢1.5个月。

当需要确定目标时,可参考SMART原则(如图2-16所示):

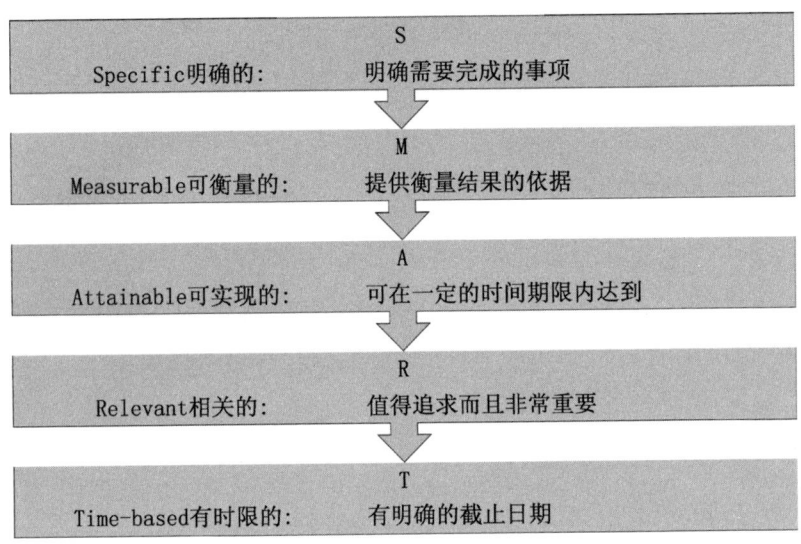

图 2-16 SMART 原则

3. 厘清目标

在启动"群策群力"会议前,促动师可以参考表2-5来清晰表述团队主题、目标、参与者和启动问题:

表 2-5 "群策群力"会议前的准备

团队主题	定价 / 票据
目标	在任何情况下,客户第一次请求时就要报出准确的价格,而且在4月15日之前要消除订单中的错误价格
参与者	定价 / 销售 / 市场 / 客户财务工作组 / 客户服务 / 财务 /IT

续表

启动问题	如何使客户服务代表总能及时获得新产品的价格？ 如何使客户服务代表知道所有的特别报价单？ 如何改变沟通或流程来帮助确保客户服务代表总有准确的价格信息？

4. 城镇会议

"城镇会议"是"群策群力"最关键的部分，也是特征最鲜明的部分之一。其目的是，让每个组都能把它的建议和行动计划提交给发起人，而且要让发起人在现场作出决策。

"城镇会议"发生在"群策群力"会议快结束的时候。在"城镇会议"期间，每个小组首先介绍在接下来的几周中可能要实施的行动。介绍的内容包括要解决的问题、具体的建议、追踪和衡量结果的方法及实施建议的行动计划——包括小组中自愿负责该工作的成员姓名。在提问和回答的环节完成之后，发起人需要现场拍板"行或不行"，并给予相关支持、协助。

在"城镇会议"之前的准备时间里，参与者在小组当中的工作是仔细思考并补充挑选出来想法的细节，以及为"城镇会议"的陈述做准备。将陈述的形式标准化是很有用的（给模板）——但每个小组如何做、谁来做，以及按照什么样的顺序做，则取决于他们自己。促动师在会议开始的时候就应该检查参与者的报告形式，以便每个人都知道他们需要达到的最终目的是什么。

促动师还应该让每个小组了解"城镇会议"上会发生什么事情，包括：谁将出席，分配给每个小组的时间，提问和回答的程序及规则，讨论和制定决策的过程。

在"城镇会议"中注意需要注意"要做"和"不要做"两大类问题：

要做（DO）：

- 激励小组对所提建议的边界进行思考。比如："为什么是5000美元的限制，而不是5万美元？为什么要修改报告而不是取消报告？"
- 接受一定程度的风险。比如："我们不知道确切的成本是多少，但它的收益明显很大而且很快——我们要实施它，以后再算成本。"
- 问其他没有真正在小组中提过建议的人对建议有什么想法。比如："小李——这将影响到你的业务领域，你怎么想？还有人有进一步改进的想法吗？"
- 对建议表现出热情，并对员工表示认同。比如："这是个了不起的想法——大家作为一线员工，今天的提议让我意识到，如果更换一部分而不是清洁它们会节约大量时间。"
- 说"不"时指出明确的原因。比如："这是一个很棒的点子，但现在的管理环境很难使它得到所有的批准。"
- 在接受、拒绝或修改建议时要征求其他经理的意见。比如："老刘，这真的会影响到你的分销成本，你怎么想？我们应该实施吗？"
- 对于每个有争议的建议，坚决要得到在座的相关经理明确的回应。比如："这个建议显然有一定的风险，而且激起了强烈的讨论——有赞成的也有反对的。为了作出决策，我希望对与此事有关的经理进行一下调查。如果是你，你会说行还是不行？"

- 当在座的其他经理对建议提出异议时，向他们发起挑战。比如："我明白取消这道检查会增加信贷风险，但是这个风险真的存在吗？我知道放弃头等舱旅行对某些人来说是困难了点，但我们需要大幅度减少一半管理费用的开支，而且我们的管理团队应该在这方面起一些带头作用。"
- 确保在需要批准建议时有一名管理层的发起人。比如："老王，你愿意帮助小崔的小组前进吗？"

不要做（DON'T）：

- 半途离开去参加其他会议，或者打电话。
- 诋毁员工所做的介绍。比如"这价值不高""我们几年前就这样考虑过了，但是没有做的原因是……""这不是一个新的想法"。
- 锻炼个人的决断能力，而不是接受其他经理的观点。比如："我同意这样做"隐含的意思是"我不关心其他任何人说什么"。
- 过分延缓，进一步的研究。比如："这个建议看上去很好，但是我们还需要些数字来测试它，我会再通知你的。"
- 过分防御的行动，特别是当涉及个人的批评时。比如："好，我知道你想我在决策上多听一下意见，但是我没有太多的时间做这个事情，而且无论如何，你也说我们现在已经开了太多的会了不是吗？"

- 接受建议时很冷淡，没什么反应。比如：说"我同意"，而不是"哇！太棒了！我们就这么干吧！"

在"群策群力"进行过程中，参与者容易出现自信和情绪的低点。在这个过程中，需要促动师通过有效的促动技术，使学员心智与行为模式发生改变，自动自发地完成目标（如图2-17所示）。

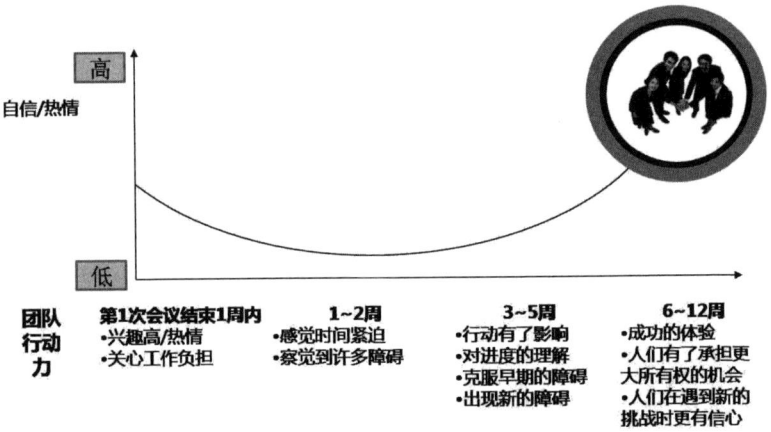

图2-17 通过促动技术改变学员的心智与行为模式

| 案例分享 |

张主任运用"群策群力"探讨和推进"如何降低劳务派遣人员的流失率"

张主任是一家国有企业综合管理科的负责人。近年来，随着企业规模不断壮大，劳务派遣人员越来越多，问题也不断涌现。张主任虽然想尽办法，也一直没有取得明显的效果。他决定用学到的"群策群力"来解决这个纠结已久的难题。

张主任先是从伙伴中征求意见和建议，并请大家一起思考与劳务派遣人员相关的问题。经过大家的集思广益，最终将主题明确为"如何降低劳务派遣人员的流失率"。

根据主题，张主任又挑选出参与这个主题的员工作为一个行动小组。主题和参与者明确之后，关于课题相关背景信息的调查就要开始了。为此，张主任专门将参与的小伙伴们召集在一起，讨论收集哪些信息。

开始的时候，大家对这种一起参与的方式有些不太理解。张主任就用"就像学开车，虽然有教练，但要学会还是要靠我们自己"的话来做比喻，成功地消除了大家的顾虑。很快，大家就积极投入到讨论中来。张主任见状趁热打铁，现场制定了关于这个主题的信息收集计划表，确定了相关负责人，并与大家约定半个月后进行一场"群策群力"工作坊。工作坊为期一天，重点在于解决问题。在工作坊开始运作之前，大家先用邮件、微信群的方式进行信息共享。

果然，这种方式深受欢迎。半个月来，无论是邮件，还是微信群，都非常热闹。收集信息是一个细致的工作，需要大量的数据信息。张主任发现，伙伴们收集的信息也是多种多样的，比如针对劳务派遣人员满意度的调查问卷、各种照片信息、劳务人员离职原因分析等。在正式运行工作坊之前，张主任还与小组的小伙伴们一一电话沟通，以确保每个伙伴都获得了共享的信息，并再次强调了工作坊的意义和价值。

终于到了"群策群力"工作坊约定的时间。这一天，张主任早早来到会议室确认会场的布置情况。因为在学习的时候，他就深深感受到，气氛的营造是能否坦诚沟通智慧连接的关键组成部分。墙面上张贴了4张手绘图——群策群力流程图、工作坊常用规则、鱼骨图示范、SMART目标示范图。对此，张主任非常满意。

工作坊准时开始。张主任首先介绍了本次工作坊的预期成果和行程安排，随后又明确了个人的角色分工。他还特别申明，自己在这次活动中的角色是促动师，主要任务是促进大家有效互动，积极参与。

规则介绍完毕，参与者王书记就开始向伙伴们描述劳务派遣人员的问题由来及现状，并阐述了本次会议召开的意义和价值。随后，在张主任的引导下，大家分享了前期收集的信息。刘老师专门制作的调查表引起了大家的共鸣，帮助大家更好地理解了问题的主体——劳务派遣人员的心声。经过分享，伙伴们更加清晰地了解了要共同面对和解决的问题。

熟悉情况之后，张主任接着说道："现在请大家思考一下，是什么导致劳务派遣人员流失率升高呢？5分钟时间，请大家将想到的答案写在面前的记事贴上，每人至少5条。"

话音刚落，徐队长满脸疑惑地提了个问题："是不是可能我们认为的障碍不一定就是对的，也不一定就是关键的？"张主任马上反馈："我们正是要借助团队的智慧来解决问题。现在请大家先自行思考，可能这种方式开始大家还不太适应，只要先跟着做就好。慢慢地，就会感觉越来越好了。"

5分钟很快就到了。对提出的想法进行梳理之后，大家达成了共识：导致劳务派遣人员流失率升高的主要原因有奖惩考核、成长空间、管理机制、家庭因素、人文关怀、教育培训等。经过这次讨论，张主任深深感受到会议气氛明显不同于以往。更值得一提的是，大家讨论的每一步成果，每一次达成的共识，都可以在"智慧墙"上看到。

"经过刚才的讨论，我们把导致问题的原因总结了六点。现在为了让答案更加精练，我们需要选出三大障碍。挑选之前，我给大家一些提示：第一，要挑选你认为导致劳务派遣人员流失率升高的关键障碍。第二，要挑选通过行动可以改变的障碍。第三，需要考虑到项目的时间只有3个月。好，现在请大家思考2分钟，然后开始投票。"

2分钟到了，大家开始发表自己的看法。张老师选了"管理机制"下面的"工作职责不清晰"，李书记认为人文关怀很关键，何部长认为可以聚焦在"激励机制的完善"上……大家充分发表意见之后，投票产生了三大障碍，即激励机制的缺乏、人文关怀不够和工作职责不清晰。

见三大障碍顺利选出，张主任开始了下一步的促动："现在让我们来看一看，这三大障碍是不是足够具体呢？是不是可以在3个月之内解决呢？"有了刚才的经验，张主任话音一落，刘老师就马上提出了疑问:"我觉得工作职责不清晰这条有歧义。到底是公司制定的工作职责不清晰，还是劳务派遣人员自己感觉职责不清晰呢？"

"这是一个好问题。"张主任马上加以肯定。随后，他又问大家的看法。经过讨论，大家将这一条修改为"劳务派遣人员对工作职责认知不清晰"。

明确了三大障碍，下一步就该探讨如何解决了。时间只有3个月，能完成吗？看到大家还有顾虑之后，张主任主动请伙伴们畅想一下3个月后完成任务时的情景。

李书记的描述充满了感性:"3个月后，由于政策落实到位，子女读书难等难题得到了妥善解决，劳务派遣人员流失率下降了30%。大家开始一心一意地将公司当成长期奋战的地方。为此，公司颁发了奖励，奖励大家去五台山旅游……"李书记的描述吸引了很多人，但也有人认为太异想天开了。

这时，张主任鼓励大家:"既然是梦想，就要大胆一些，快乐一些！"慢慢地，大家都敞开了心扉，畅所欲言起来。于是，张主任趁热打铁，请大家把自己畅想的内容画出来。

用充满感性色彩的话鼓舞了士气之后，张主任带领伙伴们根据问题和三大障碍一起制定出一个SMART目标，具体如下:第一，在8月10日前，完成一份修订完善的激励方案；第二，在9月10日前，对劳务派遣人员进行多样化人文关怀5次；第三，在9月11日前，对劳务派遣人员进行轮训1次。

目标制定之后，张主任长长地舒了一口气。他看到了大家热切的眼神和积极参与的热情。下一步就是如何实施的问题。在讨论开始之前，张主任为大家介绍了"头脑风暴"的原则。首先是要量多，只有量多才能选出优秀的创意；其次是要延迟评判，即不管同意或者不同意其他伙伴的想法都先不要表达，要静静地聆听。

交代完原则之后，头脑风暴就开始了。第一轮，大家每人写5条可以在3个月内落地的想法。这本来是张主任最为担心的一个环节。他担心大家习惯于发现问题，而不善于解决问题。没想到，大家的表现出奇地好。想法写完之后，大家开始互相分享。第二轮，大家需要在共享信息的基础上对自己的想法进行整合，要么写出新点子，要么对原先的想法进行优化。

两轮头脑风暴过后，大家开始梳理写好的想法。经过一番梳理之后，有效的想法在30张卡片左右。这和当初的设想基本上是吻合的。其中不乏非常妙的建议，比如重要节假日安排车辆返乡；每月召开一次班务会，管理者也参与聆听、促动等。

在确保大家对所有建议都理解后，张主任对所有卡片进行了编号，并拿出事先准备好的工具表单——盈利矩阵（如表2-6所示）。

表2-6 盈利矩阵

	容易实施	不容易实施
小的盈利	快速获胜（QW）	浪费时间（TW）
大的盈利	获利机会（BO）	专门投入（SE）

盈利矩阵分为4个象限，盈利大、容易实施的是我们可以首先考虑的方案，盈利小、容易实施的也是可以考虑的；盈利大、不容易实施的象限代表我们需要专门投入或者需要资源支持；盈利小、不容易实施的是不用考虑了。

随后，张主任带领大家对所有"想法卡片"进行讨论，并把卡片上的序号一一填入到"盈利矩阵"的4个象限中。大家对大部分卡片的归属没有异议，但还是有几张卡片引起了激烈的争论。就拿解决劳务派遣人员子女就近入学这个问题来讲。李书记认为，这是可以让劳务派遣人员心安的一个好办法，而且现在也有相关政策和人员可以专门帮助解决，可以放到"盈利大、容易实施"的象限。刘部长认为，方法是不错的，但是不是行动小组可以完全解决的，必须申请公司给予人力物力财力才能得以实施，所以应该放到"盈利大、不容易实施"的象限。之后，伙伴们也纷纷发言。最后，大家达成了共识——将这张卡片放入"盈利大、不容易实施"的象限。

张主任看到"盈利大、容易实施"和"盈利小、容易实施"的卡片数量超出了10张，又带领大家将卡片数量精简到10张，并把它们呈现在"智慧墙"上。尽管过程中也出现了争辩，但是，经过了工作坊规则的促动，大家已经习惯了对事不对人，氛围紧张而热烈。十大想法终于出炉啦，大家用掌声庆祝这个阶段性成果。

考虑到时间有限，伙伴们还需要在10张卡片中再精选出3张来。又经过一轮投票，最终的三大想法产生了。张主任能感觉到大家的不舍,似乎十个想法都是大家的孩子,充分的参与让大家对每一个想法都有了自己的解读和感情,参与本身就是一种力量,而这种力量随着群策群力的深入越加浓烈!

要付诸实践是一定要有行动计划的,所以张主任一鼓作气,把提前设计好的行动计划表格给大家做了讲解,并大声询问谁自愿领走任务。一开始大家还你看看我,我看看你,然而很快三个任务就全部被伙伴们领走了。小组组长带着组员们根据张主任给的这个汇报模板(如表2-7所示),开启了热烈的讨论。

表2-7　汇报模板

小组:			
问题:			
建议:			
收益和风险:			
行动计划:			
行动步骤	责任人	起止日期	需要的支持
追踪进度的计划(追踪什么以及多长时间一次):			
团队领导:		决策制定者:	

一小时后,三大想法在伙伴们的智慧碰撞中变成了三个行动计划。张主任知道现在的行动计划还需要经过"城镇会议"的洗礼才能更进一步,他告诉大家待会儿的步骤主要如下:小组介绍自己的行动建议,邀请来的相关领导进行提问和评论,之后,现场决定是否通过(如图2-18所示)。

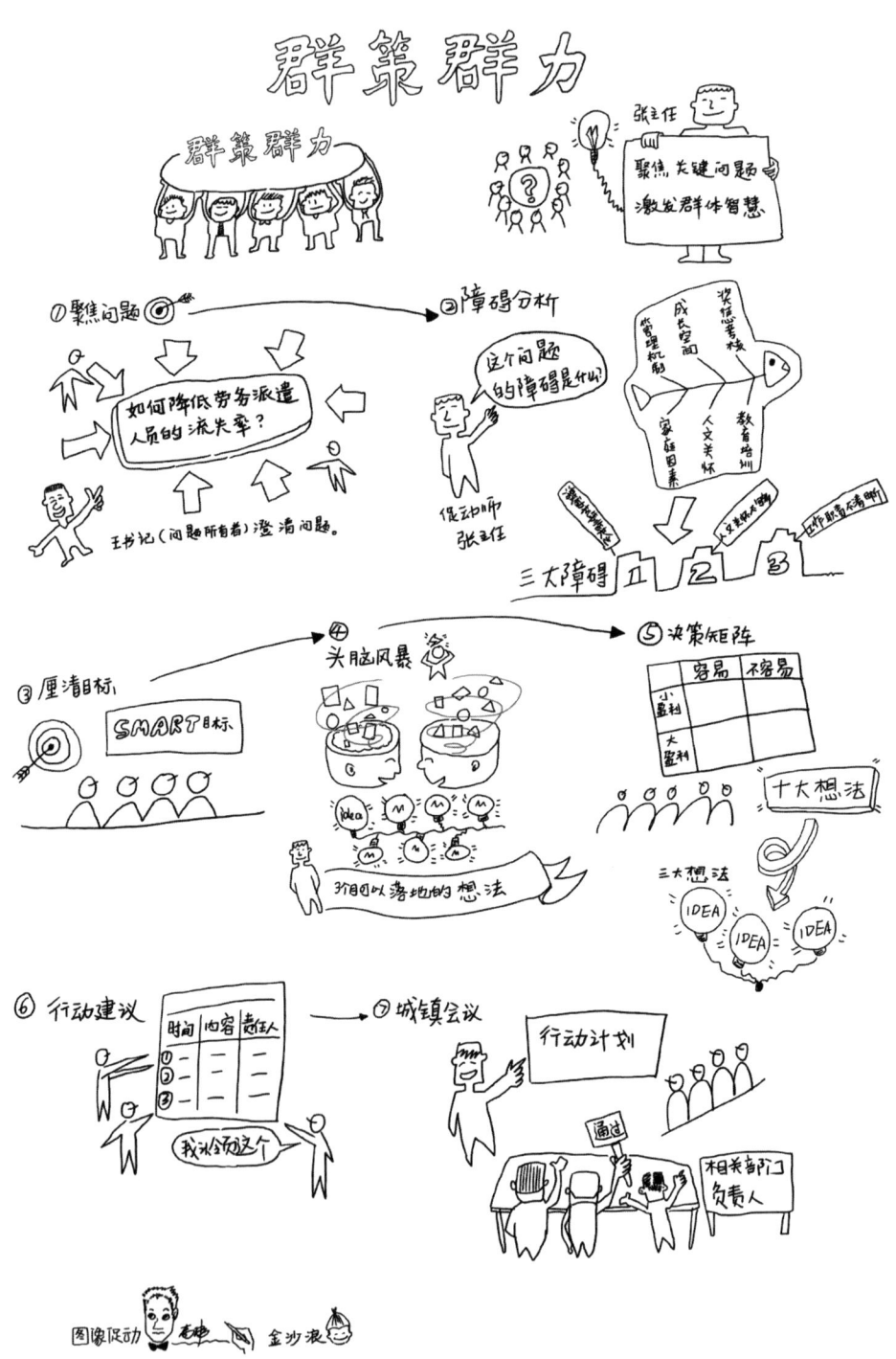

图 2-18 "城镇会议"步骤

张主任早就提前约好了相关部门负责人，也和他们就什么是"城镇会议"和需要做什么达成了共识。张主任再次清了清嗓子，深吸了几口气，他心里很清楚这一整天的会议就要面临真正的考验了。他首先讲明"城镇会议"的规则和流程，重点强调今天到场的领导会对大家的行动计划进行质疑提问和给予建议，更重要的是会现场给出能不能实施的决定……一时间，会场的空气中弥漫着紧张的气氛。

很快，针对第一个想法的汇报开始了。相关部门负责人张经理首先进行了提问："每月评出一两名突出员工适当奖励的费用应该由谁来承担？"张主任明显感觉到问题还是很尖锐的，直接关系到行动计划的可行性，当汇报员给予了详细的解释后，张经理紧接着又提出了另一个方向的问题……一番来回，张主任留意到每一位伙伴都听得很认真，似乎已经很久没有看到这样高参与度的会议了。

最后，第一个汇报者的计划没有成功通过。张经理提供了两点建议。对此，汇报者非常认可，并表示要回去继续完善。第二个汇报者是平时表现很优秀的伙伴，计划的逻辑性很强，相关负责人李部长边听边点头。汇报完毕，李部长只问了一个问题。得到答案后,李部长给出了支持的意见。会议室一下安静了,然后迅速响起了掌声。第三个汇报者的课题也在同样紧张又真诚的讨论与建议中获得通过。

促动师张主任再次把目光投射到"智慧墙",每一步都那么清晰,也许这正是促动技术的魅力吧,或者说这是大家的力量与智慧。

张主任没有忘记请所有参与者简单谈谈自己的感受,伙伴们的声音是检验这次会议成功与否的关键,同时也是下次会议改进的方向。

"这是我开得最过瘾的一次会议,能自由表达,能听到各种声音……"

"我觉得可以提前告诉我们大概的流程,这样今天头脑风暴的时候就可以想出更多更好的点子。"

"今天让我重新认识了很多人,也包括咱们的张主任,今天他都基本没发表意见,但其实我还蛮想听听他的想法的。"(张主任乐滋滋地想,下次也许可以让其他人来担当促动师,自己也好好参与下。)

"我感受到来自团队的力量,不知道为什么大家就被调动起来了,要是平时我们的会议也有这样的促动就太棒了。"

……

会议结束了,大家还意犹未尽,张主任开始浮想联翩:这不是结束,仅仅是开始,只有形成了"群策群力"的企业文化,我们才能离"会必有议,议而有识,识而有果"越来越近……

(本案例由WFA国际促动师协会高级促动师魏丽提供)

六、欣赏式探询——幸福团队，绩效倍增的秘密

很多企业在面对员工士气低落、团队凝聚力不高等状况时，通常会选择"修正错误，弥补不足"的思路。这种解决问题的思路常需要我们在痛苦中回顾问题的症结所在，很难产生新的愿景，也很容易令大家产生习惯性防卫心理。这时，企业的管理者们就需要换一种全新的思路。欣赏式探询（Appreciate Inquiry）就是其中最重要的一种。

戴维·库柏里德（David Cooperrider）于1980年在美国克利夫兰医学中心研究组织发展课题时提出欣赏式探询这一方法。欣赏式探询是基于积极心理学的原理而产生的一种方法。戴维·库柏里德曾与他的同事用"欣赏式探询"帮助一家摇摇欲坠的一星级酒店实现了业绩提升。他们不是采用传统的"发现问题—分析问题—解决问题"的方式，而是带领这家酒店的所有成员住进了一家五星级酒店，并要求所有人在一个星期里都要完成一个任务：询问"欣赏式探询"的问题并详尽记录。

这些欣赏式探询的问题包括：

- "是什么让你在这家酒店里如此有成就？你能告诉我一个

真实的经历吗？"
- "你整天面带微笑服务客人的动力源来自何处呢？"
- "如果给你一支仙女棒，赐给你的饭店三个机会，你会希望是哪三个？"

……

在一星期的访问中，来自一星级酒店的成员听到了许多来自这家五星级酒店员工的真实故事，其中包含构成一家卓越酒店的关键要素。这些要素在经过整理分析之后，被成功地应用到了该一星级酒店的改革中。这家一星级酒店的业绩得到了明显提升。

"欣赏式探询"是提问的艺术与实践，它主张通过询问无条件的肯定性问题的艺术和实际操作的方法，寻找组织中"积极的问题"来激发群体智慧。"欣赏式探询"对个体而言就是让人们更积极、更正面地去看待他人、看待组织、看待环境、看待周围发生的一切。欣赏式探询能够有效激发组织中成员的积极情绪，如兴奋、感激、欣赏、珍惜、爱，从而有效地提升成员的主观幸福感，激发人们工作的动力，提升组织的工作绩效与"正面积极的企业文化"。

"欣赏式探询"包含四个部分，分别是发现（Discover）、梦想（Dream）、设计（Design）、实现（Destiny），它们也被称为"欣赏式探询"的4D，如图2-19所示。

那么，"欣赏式探询"是怎么"玩"的？

之所以用"玩"这个字，是因为在一些促动师设计的"欣赏式探询"过程中，小组的所有成员一同绘制属于他们自己的"幸福地图"，分别讲述各自的"幸福故事"，共同演绎他们心中的美好未来等。学员更多的是"玩"在其中,在"玩"中体验快乐,感悟幸福;在"玩"中分享彼此的经验智慧,发生顿悟;在"玩"中发现自己与他人的正能量,从而激发积极向上的正向情绪……

图 2-19 "欣赏式探询"的四个组成部分

"欣赏式探询"可以有很多种做法,但无论做法如何,其核心都在于唤起参与者内在的积极情绪,以积极的视角来看待自己的工作、生活、身边的同事,并设计自己想要的未来。以下是基于"欣赏式探询"的步骤设计的一次工作坊的流程。

1. 第一步,发现环节

发现环节也是探索新知的环节,发现环节中所提出的问题就像一颗种子。问一个能唤起团队积极情绪的问题,就给别人种下了一颗幸福的种子。

具体来说，发现环节主要由三部分内容构成。

首先，每个小组需要绘制各自的"幸福地图"。在绘制过程中，所有参与者都可以充分发挥各自的想象力，呈现属于自己的艺术作品。

其次，所有人要一起参与促动师设计的"幸福轮盘"测试。"幸福轮盘"由六个部分组成，分别是全人健康、理财规划、休闲娱乐、人际互动、生涯规划和个人成长。每个部分的满分十分。参与者根据自己的各项得分，一次连线就可以勾画出自己当前的"幸福轮盘"。"幸福轮盘"测试不仅可以让大家更好地了解自己的现状，也可以帮助大家找到未来努力的方向。

最后，大家共同探索，去"发现"自己的幸福故事，并分享给所有人。

2. 第二步，梦想环节

梦想环节即梦想构筑环节。在这一环节，参与者要重新挖掘幸福的真相，并进行分享。

随后，每个小组要根据大家的美好想象，编制一个节目，并准备在"幸福剧场"演出。通常情况下，"幸福剧场"的演出会成为梦想环节的高潮。大家可以在这种轻松、愉悦、快乐的氛围中，尽情地享受、思考与感悟。

3. 第三步，设计环节

设计环节是要把大家从理想拉回现实，通过之前不断赋予的正能量，找到让大家更幸福的有效方式与方法。通常，会进行分组研讨，分别围绕小组主题进行深入交流，最终可以用图画、思维导图、文字表格等形式来进行呈现。

4. 第四步，实现环节

实现环节最关键的是让所有参与者通过对各自主题进行研讨，得到创新的想法之后，再运用相关决策工具进行快速有效的甄别筛选，得到小组需要下一步执行的若干计划。行动计划的制订，没有任何领导的指派安排，完全是自己的所思所想，幸福的命运也就把握在自己的手上。

| 案例分享 |

白经理运用"欣赏式探询"促进团队提升幸福感与部门绩效

T公司隶属国内某著名服饰集团，主要从事某时尚休闲服饰的设计开发与生产营销等业务。过去几年，服装行业陷入了低谷，T公司仍能实现业绩的高速增长，令不少行业内人士非常羡慕。只是，业绩增长背后，也隐藏着销售部员工出现"懈怠"状态的隐忧。

为了能够"成就员工及家人，成就股东，成就供应商，使团队更开心"，公司委派销售负责人白经理来沟通这个问题。白经理在学习相关促动技术后，打算在公司年中总结报告会中引入欣赏式探询，召开主题为"凝心聚力·群策群力"的工作坊。

这次工作坊历时两天半。白经理打算自己担任全场的主促动师，然后从自己的促动师班上邀请5位同学来担任桌促动师，在组内促进小组的对话与交流。

为了制造轻松愉悦的会场气氛，在前期的会场布置方面，白经理也颇费了一番心思。采用分组式摆放桌椅，会议桌铺上了具有浓郁苏格兰风情的格子桌布，会场墙壁上贴上参与者在公司内部各种活动中抓拍的照片……咖啡的浓香，轻柔的背景音乐，照片中自己灿烂的笑容，这一切都将使参与者沉浸在轻松惬意与放松的心情之中……

1. 发现环节

待所有参与者入座之后，白经理布置了发现环节的任务：请大家以组为单位讨论出自己小组的"幸福地图"是怎样的？桌促动师也向大家讲解了讨论规则。时间一到，小组成员们就纷纷发表了自己的想法。通过投票，大家选出了自己最认可的想法：有的小组运用树枝藤蔓设计了4个区域，有的将4个区域用4朵花瓣进行划分。

接着，每位成员针对自己的实际情况进行了"幸福轮盘"的测试。结合自己的"幸福轮盘"，大家都开始回忆并分享属于自己的幸福故事。销售一部的小李说："我感觉在公司最幸福的一件事就是老板对我的工作方式的认可。说实话，我是个比较特立独行的人。在其他公司，老板经常批评我。在咱们公司，老板会尊重我的一些小个性。这已经让我非常开心了。"销售二部的老雷也分享了自己的故事："我最幸福的事情就是在公司完成了自己人生最重要的几件事情，结婚、生子、买房、买车、升职、加薪、每年一次旅行，我还求什么呢？很满足。"……平时大家都埋头工作，很少有时间来做这样的分享。在促动师的帮助下,大家开始回忆自己在公司幸福的点点滴滴,因担忧销售指标完不成的愁容也随之慢慢消失了。

2. 梦想环节

在梦想环节里,白经理设计了一个梦幻的开场白:"各位伙伴,如果你手里有根仙女棒,可以实现你的一个梦想,你会期待出现什么?请大家闭上眼睛,举起右手,这就是我们手里的仙女棒,大家一起来晃晃手里的仙女棒!"伙伴们都笑起来。

在桌促动师的引领下,伙伴们开始设想如何呈现小组成员的"梦想剧"。有人对剧本进行反复推敲修改,有人在场地内四处寻找一切可用的道具,还有一组人跑到一个不易被打扰的角落悄悄地彩排……

"幸福剧场"的演出掀起了高潮。有的小组表演了在海边度假的小品,小伙伴们在海滩上听着音乐,晒着太阳,无忧无虑地享受着人生的美妙。有的小组则再现了自己回到母校的情景,作为学校的成功校友为师弟师妹们讲述着自己的成功故事……

表演者幸福洋溢地展现自己心中的梦想场景,观看者则时而情不自禁地鼓掌叫好,时而开心地哈哈大笑,仿佛自己此时也置身其中一般。此时此刻,仿佛世界上所有的压力都已经不存在,大家都融化在快乐的氛围中。

3. 设计环节

在设计环节,全场的5个小组分别选定了5个不同的子主题,即"如何通过激励提高员工幸福感""如何丰富员工业余生活""如何达成目标共识""如何高效快乐地工作"和"如何进行有效沟通"。

经过四轮的研讨，大家各抒己见，畅所欲言。如针对"如何通过激励提高员工幸福感"的主题，有人建议要"多了解员工需求，让员工也能够参与到公司决策的讨论之中"；在"如何丰富员工业余生活"方面，有人提议要安排各部门轮流策划员工活动主题月，充分发挥群众的智慧和力量……就在大家你一言我一语的过程中，新创意与新想法不时迸发。

4. 实现环节

在实现环节，白经理请桌促动师带领各自小组，通过对主题进行头脑风暴，将得到创新的想法运用"幸福矩阵"等决策工具进行甄选，得到本小组的"十大幸福想法"。

如某个小组建议公司购置一批爱心伞，这样突降大雨时，没有带伞的同事不至于被淋成落汤鸡。另一个小组建议员工出差期间，必须每天与家人至少联系一次，不要因为工作而疏远了与家人之间的心理距离。

最终，每个小组都制订出了具体的"幸福行动计划"。

工作坊结束时，大家都对自己在两天来创造的这一切感到惊喜，纷纷掏出手机，争相拍下这属于自己的艺术作品作为留念。正如有的伙伴写的感悟："快乐其实很简单，幸福其实可以由自己创造！"

（本案例由 WFA 国际促动师协会高级促动师郑鑫岩提供）

七、未来探索
——让"共识愿景,共赢未来"不再是口号

1987年,未来探索(Future Search)这个词被正式提出,并激起了很多人的兴趣。"未来探索"是一种大型团体计划会议,通常适合参与的人数是64人。会议包含五个步骤(如图2-20所示),即回顾过去、探索现在、创建理想未来景象、确认共识、制订行动计划。其中,"回顾过去"和"创建理想未来景象"的工作由各部门组成的混合小组共同进行,"探索现在"的工作由对工作任务有一些共同视角的利益相关者所组成的小组进行,"制订行动计划"则由利益相关者小组来进行。

"未来探索"会议中,参与者的情绪在不同时段经历高峰和低谷,就像是在乘坐盛载情感的云霄飞车,一会儿掉进世界趋势的沼泽地,一会儿高飞在希望的巅峰上。"未来探索"在希望和失望之间架设了配合旋律。

参与者带着不同的假设和学习方式来参会,有些人首先需要事实,有些人注重感觉。"未来探索"会议认为人们相互的面对面胜于面对一套概念、专家谏言及他们缺乏和应该做什么的假设。

在"未来探索"里,我们要做的是:承认我们所见是我们共同所在的世界里不可逃避的部分,不管我们是否喜欢。我们寻求早已存在的,每个人被埋藏的潜力;我们无须修补已觉察的不足。

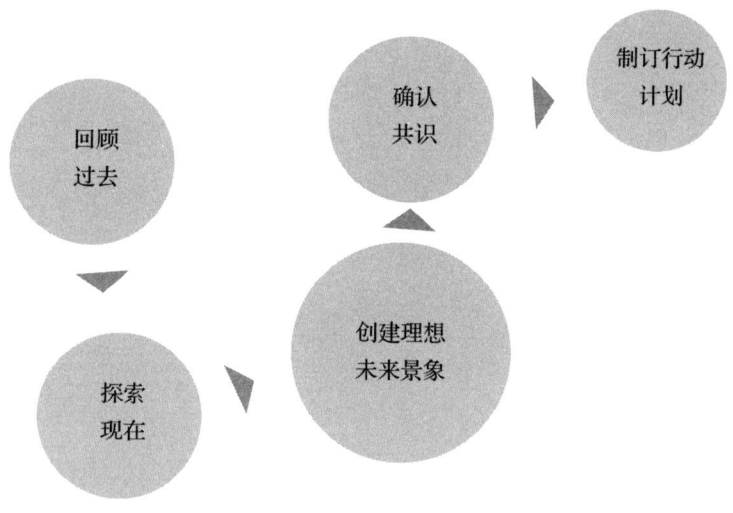

图 2-20 "未来探索"的五大步骤

在"未来探索"会议里,人们有机会打破身份界限,对自己的未来拥有更多的自主权和话语权。许多不同身份的与会者在会议中了解与接受不同的背景、观点和价值观,愿意跟处于不同行业,有着不同经历、不同经验的人一起学习和工作,并欣然地为共同的目标而行动。

也正因为如此,"未来探索"会议中尤为强调两条原则。第一,所有系统都在一个空间。在会议中,每个人分享的信息都会在经过梳理、连接、分享之后,产生新的观点。因此,所有这些信息就构成了不同的系统。而这些系统都要在会议现场这个空间里才能完整呈现。第二,在启动任何局部行动之前,都要探索整个系统。这就意味着,我们就一个问题研究如何解决、如何选择有效方法、如何制定行动步骤,不能随随便便下结论,而是要在掌握全面信息的基础上才能作出判断。否则,就会像盲人摸象一样,把局部当作整体,在行动中自然会犯错误。

另外,"未来探索"会议的现场还给人们提供了一种安全感。参与者可以丢开贴在身上的标签,以平等的方式一起研讨,为共同关心的事情而工作,从而避免了以往一些传统会议上的不良互动,给人们提供了表达自己最高理想的机会。而提供平等表达理想的机会也促使与会者最终迈向行动。

"未来探索"会议通过让参与者以平等的方式一起为共同关心的事情而工作,打断了过往一些传统会议的不良互动,如:草率通过、争斗、逃避、抱怨、指责或等别人来处理事情等重复旧模式的趋势。"未来探索"促进与会者迈向行动的前提是:我们不试图改变世界或彼此,我们改变人们互动的条件。那是我们能控制的事情,它将导致惊人的行动成果。没有任何一个行动计划能确保被完美地执行和实施,在"未来探索"会议中产生的计划大多数得到实施的原因在于人们行动的意愿来自于过程中经历的欢悦的时光。行动计划的实施需要行动者明白并相信有共同目标的人需要彼此充分信任。行动还需要承诺资源、时间、精力、金钱。"未来探索"会议孕育了这种促进行动计划实施所需要的理解、信念和承诺。

"未来探索"的促动师不会评判参会者所带来信息的好或坏、

完整或粗略、有用或无用、适当或多余。参会者的语言、行为、愿望和反应，所做或所说的是属于他们自己的。无论好坏，任何发生的事情都是利益相关者的心声。促动师不期待戏剧性的个人变化，只感应各个成员之间的行动潜力的变化。

促动师对参会者已有的体验保持觉察，在会议期间尽可能完整地、深入地激发人性。这不仅包含对人们过去、现在的感觉和行为保持觉察，还包括觉察参与者对未来的热望。这样，人们才更可能对他们想做的事情作出理性的选择。促动师相信，不管我们喜欢与否，我们都处在不断变化的世界里。

"未来探索"会议中，促动师让人们分享工作、到处走动、描绘他们的愿望和"不确定"相处。在"未来探索"里，人们经历和过去不一样的"现实"，和与会者谈论他们没提过的议题；编写理想未来的剧本，好像未来已发生一样，确定他们真正想要什么。

"未来探索"有意给参会者提供新的、不熟悉的但能学习的工作模式。不是每个人都能充分利用这个模式，因为不是每个人都相信它，不是每个人都能忍受快速地做那么多事。"未来探索"同时也是一个学习试验室。我们特别要学习放弃控制他人。

正是因为上述优点，"未来探索"会议的应用范围很广。企业、非营利性组织、社区都在用。"未来探索"网络的数据库里有世界上几百个案例。

"未来探索"会议的作用主要体现在以下三个方面。第一，促动与会的利益相关者创造组织的共同愿景，并按照愿景来行动。第二，让与会的利益相关者发现共同目的并为他们自己的计划负责任。第三，帮助人们迈向一个明确的、存在的愿景。

"未来探索"可以应用于企业战略共识。目前，一些企业的战略往往只停留在老板或是一把手的大脑中，在各种会议和交流中以零散的、碎片化的方式告知企业高管，导致不同部门的企业高管对企业战略的理解难窥全貌；对于那些战略已经由外部顾问公司给予文字化呈现的企业，在召开的战略会议中，由于对战略的解读方式单一，一般只有文字表述，忽略了人们对文字理解不一，加之习惯性防卫，人们在会议现场往往不会完全表达自己所不理解的内容，因此带着各自不同的理解来诠释战略，并赋予相应的行动，从而导致在年度策略实施的过程中，战略与执行的偏差。在企业高层管理者向中层管理人员、中层管理人员向基层管理人员、基层管理人员向员工一层层传达企业战略的过程中，由于战略本身是未来数年后的发展方向，往往是老板创造性思考、高瞻远瞩的想法提炼而成的抽象语言，再加上各级人员传递过程中粗放、单一的模式，导致企业各级员工往往对战略目标产生怀疑，认为是老板、高管不切实际的想法，从而并没有激发起各级人员对战略目标和年度策略的激情与相应的行动热情。

那么"未来探索"会议到底如何应用？下面就让我们以企业为例来进行说明。企业中的"未来探索"会议可用于组织愿景、使命和价值观的创造、共识、实施方面。"未来探索"会议的过程有助于让利益相关的部门、管理者、员工在与会过程中抛开防卫心，探求共识和渴望的未来，确定共同的愿景与使命，并为行动负责。

案例分享

Z公司徐总运用"未来探索"召开年度战略共识会，同创愿景，共赢未来

Z公司每到年底都会召开年度战略共识会，目的在于把公司制定的次年年度战略向各个部门的老总及部门骨干进行宣讲，希望他们能对战略有清晰的认识。之前的惯例都是由上至下一级一级传达，效果并不好。2012年年底，公司负责人徐总决定今年改变一下会议的形式，引进他在总公司接触到的"未来探索"，以帮助大家形成共识。许多员工的工作热情进入了"睡眠状态"，需要唤醒，否则无法有效地推动2013年度策略的落地。

为了让"未来探索"会议顺利进行，徐总请培训中心受过专业促动师培养与认证的夏总来做促动师，并亲自组建了"未来探索"会议工作组，计划会期两天，参与者为中高层管理者及骨干员工，共计80人。会议的目的主要有两个：一是就分公司战略方向达成共识，二是就各部门的重点项目达成共识。

徐总还要求工作组提前对参与者进行在线及面谈的调研。调研的目的主要有三：一是了解公司高层、中层和骨干员工对公司战略的认同熟悉程度；二是调研与会者对公司战略确立、分解落地、过程执行、结果展示各环节的困难点与认同度；三是调研与会者对未来工作发展思考的清晰度，对未来3年工作方向与重点的理解情况等。

最后,为了保证这个80人的战略共识会议的参与者能充分互动,徐总还专门挑选公司30名管理者参加促动技术的培训,再从中间选出10人担任此次会议的小组促动师来配合夏总。

经过充分的准备,"未来探索"会议开始了。首先,由徐总介绍了本次会议的背景、目的,并邀请促动师夏总出场。夏总向大家介绍了会议的背景和目的,以及"未来探索"的五大流程——聚焦过去、聚焦现在、聚焦未来、凝聚共识、研究2013年战略落地行动策略。这样,大家对公司的战略定位有了一定程度的认知。

接下来,在"聚焦过去"环节,夏总向大家提了一个问题——过去10年,从个人、公司、行业3个角度来看,最让你印象最深刻的一件事情是什么?思考时间是1分钟。随后,各个小组的促动师开始请伙伴们分别从3个维度(行业、企业、个人)、3个时段(2003—2009年,2010—2011年,2012年)所组成的九宫格中,在每个格子中写下一件自己印象深刻的事情(亲身经历/听说/看到)。看大多数人都写好后,夏总请每个人拿彩笔将这些事情写入贴在墙上的时间线中。

短短30分钟,墙上的3条时间线就写满了。大家的答案五花八门。个人视角方面,有人写结婚生子、换部门和专业、开启幸福时代等;公司视角方面,有人写业务和收入快速增长、信息化建设、人员大扩招、公司开启精细管理等;在行业视角中,有人写电信重组、运营商二次重组、3G时代来临、三分天下、网络快速发展等。

接着,夏总向大家提出了一个问题:时间线上的信息在告诉我们怎样的故事?这些故事有怎样的意义?他请每个小组针对不同区域的信息进行梳理,并将其编成一个故事。其中一个小组以徐总为故事主人公,讲述了徐总如何从大学毕业的毛头小子进入到通信行业,在经历了通信行业的种种考验后,成长为公司老总的过程。这个环节一做完,所有人感慨万千,原来自己同其他人、同公司经历过人生中大大小小的难忘事,更有高管表示,自己是见证了公司转型和高速发展的人。

就当大家共鸣之际,夏总趁热打铁提出了第二个问题——现在全球发展趋势对Z公司的影响有哪些?这个问题需要大家跳出"小我",跳出本部门的限制进行思考,并采用思维导图的模式来书写答案。

这时,桌促动师请伙伴们先在组内进行"碰撞"。思考3分钟之后,大家纷纷发言:"带宽需求越来越大和网络快速更迭都是向上发展的趋势""由于政策的影响,收费呈现下行的趋势"等。随后,夏总请大家将自己的想法逐条记入思维导图中。如果此时还有新的想法,也可随时提出。

之后,桌促动师发给伙伴们每人三个小红帖,请大家投票选出这些趋势中对Z公司影响最大的几个。投票结束后,全球趋势对Z公司产生影响的五大趋势出炉。

然后,促动师请组内的伙伴对这五大趋势进行分析——基于公司的战略,在这五大趋势中,哪些是我们正在做的事情?

哪些是我们想做又没有做的事情？小伙伴们讨论得非常热烈：正在做的事情有各种应用推广、终端销售等，想做而没有做的事情有手机娱乐、相关技术的专业培养等。

"聚焦现在"这个环节的坦诚分享让大家看到了自己已经着手在做的事情，也让伙伴们有了反思的意识。

接下来是"聚焦未来"环节，创建理想未来。基于自身经历，夏总深深明白：如果人们没有共同的愿景，看不到共同的画面，单靠语言来描述未来是很苍白的！愿景的力量远比看上去的要强大很多。因此，在这个环节，作为总促动师的夏总先请会议助理播放舒缓的音乐，再请大家闭上眼睛，然后如诗朗诵一般发了言：

"各位伙伴，闭上眼睛，放松，让我们一起来畅想一下，我们现在一起坐时光穿梭机来到了2016年，我们的各项战略均已成功落地，我们会看到哪些景象？"

这个环节调动了大家的想象力，把大家带到了情绪的最高点。每个小组都把自己看到的美好景象以图画的形式画了下来。有的小组分享说，看到的成功景象有客户多了，业务做不完，自己数钱数到手软……听到这里，大家不禁哈哈大笑起来。其他人也不甘示弱。有的小组给自己的梦想取名叫"我们的幸福人生"，有的叫"时光隧道轮回"……每个小组的现场展示都充满了创造力与想象力，连外星人移动互联各种场景都演出来了，伙伴们都笑得快岔气了。

在这个创建理想未来的环节里，大家得到了信息的高度共享，大脑处在被高度激活的状态。于是，夏总趁势将大家引入第四个环节——凝聚共识。这个环节的主题是：结合公司战略，在接下来的3年中，大家重点需要达成哪些共识才能促进战略落地？

这时，夏总重新亮出了Z公司的战略定位中的9大策略，并请大家根据自己部门的实际情况制定相应的子策略。桌促动师此刻带着伙伴们运用团队共创的5大基本步骤，开始聚焦部门策略与公司9大策略的重点，头脑风暴，想法排列等，有步骤、有架构地开始讨论。

最终，市场部明确了2013年的重中之重是提升终端销售，技术部也通过一个靶心图明晰了要加大对移动互联网工具的投入，而人力资源部在和几个关键部门现场的沟通中也调整了自己的工作重点，计划对公司关键人才的培养采用行动学习的新模式，要大家带着问题来学习，而不是像以前那样，请些名师来讲课就算了。

最后是制订行动计划环节，即研究2013年战略落地行动策略。由于此前各个部门已经初步思考了次年的部门行动计划，本次会议的目的在于通过未来探索，促进大家共识年度策略，打破部门限制，从年度策略落地的角度重新审视与优化部门行动计划。因此，夏总把两天的"未来探索"会议结束于确认共识环节，并要求各个部门在未来一周内明确行动计划，之后向高管进行行动计划汇报。

会议结束的第二天，一位副总主动向徐总反馈："我觉得这种方式非常好，值得大力推广。它是一种自下而上的对公司策略的参与讨论，可以让参与的人在体验中自我管理，自我成长，为自己的行动负责。"

回顾这次的"未来探索"会议，徐总在会后和大家分享："以往公司定出来的年度战略是从上往下传达的，再配合文件发到各部门，部门层层往下传达的时候理解不一，认可不一，影响了各部门员工的执行力度。我认为这个'未来探索战略会'，能唤起大家对总公司，对本部门工作的热情，比高管直接给大家灌输公司策略、要求大家高效执行更为有效。"

这一次"未来探索"会议的成功举办，让徐总坚定了在内部推行"未来探索"会议模式的决心。还没等他发布全员学习任务，市场部的老总找到徐总说，他想下周在市场部也做一场"未来探索"，让部门的员工们对战略达成共识。徐总不禁喜上眉梢，他似乎看到了Z公司各级员工热火朝天参与，高管省心省力，员工自动自发的景象！

（本案例由WFA国际促动师协会高级促动师何虹谊提供）

八、开放空间
——自组织管理产生"智慧涌现"的美妙

1983年,哈里森·欧文规划了一个250人的国际会议,他花了将近一年的时间准备,光是准备所有细节、处理挫折就花费了大量功夫。会后,大家在分享时,所有人都觉得会议整体来说的确很棒,但其中最有用的却是咖啡茶点时间。花费近一年的时间努力准备各类文件、与会者名单、安排讲者等,但是大家最喜欢的部分却是完全没有施力的地方——咖啡茶点时间。这似乎暗示着某种讯息。

有没有可能把人们在轻松随意状态下呈现的创造力和兴奋感,与会议所应具备的主要活动及成效结合在一起?更重要的是,能否在短于一年的时间内完成所有准备工作?带着这两个问题,欧文先生一直在努力实践着。

就在1985年,一种新的促动会形式诞生了,它就是:开放空间(Open Space Technology)。"开放空间"的首次应用是在欧文先生第三次组织变革国际会议时。这次会议没有严谨的会议流程,也没有规划和管理委员会,所有的与会者在抵达会议现场之后,只被告知会议什么时候开始,什么时候结束,以及会议的主题是什么。就连每次促动会都要出现的促动师，在介绍了会议的基本规则后，也消失了。

这时，团团围坐的与会者需要自己在两个半小时内讨论出三天的流程和子主题，包括每个子主题的负责人、促动师、时间、地点和参与者。当每个人都找出自己想要讨论的子主题后，人们在一张白纸上记录下自己的议题，向大家宣布自己想要讨论的主题，之后贴在墙上；等所有写好议题的卡片都张贴到墙上之后，促动师宣布要讨论该主题的人自己决定会议的时间地点，让想参加这个主题讨论的人报名。

"开放空间"是一种引发热情与责任的团队促动方法，是可以激发各类群体、机构产生颠覆式创新的方法，充分调动人们的积极性，使人们在会议中收获非凡的结果。"开放空间"尤其适用于复杂的问题，或是大家想法有分歧的情况。管理者在以下情形出现时采用"开放空间"比较合适：

- 希望参与者有效讨论，以解决错综复杂、暗藏冲突或有实际冲突且亟须处理的议题，并促动组织变革的过程中。
- 准备扩展团队对行动的承诺及责任感时。
- 想要促进团队成员搜集与分享信息，通过有效对话促进团队灵感迸发时。
- 期待准备一场激发创造力与热忱的会议，让人们如在中场休息时热烈交流般地全心参与，让人们有如参加一场充电营后那样的精力充沛，并能够在会议现场产生具体可行的行动方案时。

当管理者作为促动师来主持"开放空间"会议的时候,首先要了解"开放空间"的四大原则,如图 2-21 所示。

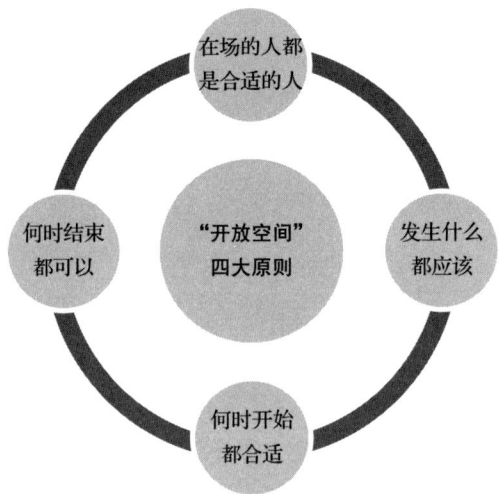

图 2-21 "开放空间"的四大原则

第一,在场的人都是合适的人。促动师需要提醒在场的每一位成员,并不是有多少人来或是谁来,比如高管或是某部门的负责人,才是合适的。在"开放空间"会议中,互动与对话的品质才是关键,每个人都需要积极地与他人进行分享。

第二,发生什么都应该。在"开放空间"的现场,各种意想不到的点子会源源不断地冒出来。在一些 IT 公司的"开放空间"峰会上,有些人甚至会突然跑出会议室,回到办公室和团队讨论让他无比激动的新想法及下一步的行动方法。"开放空间"会议营造的会议气氛就是"珍惜当下,并了解当下发生的事就是唯一"。

第三,何时开始都合适。"开放空间"的促动师在开始时就会提醒大家，真正的创意产生时根本没有特定的时间，应该发生时就会发生。事情的真相也往往就是如此。产品设计团队拼命地开会找创新的产品方案，人困马乏搞出来的东西老总就是不满意。突然有一天，大家在一起喝茶聊天的时候却灵光乍现了。

第四，何时结束都可以。这条原则可以从两个方面来理解。一是不要浪费时间，在会议进行过程中，做自己觉得该做的事情，做完了就开始进行其他有用的事情。二是到了预定会议结束的时间，与会者还在热火朝天地讨论，会议促动师不要随便打断大家的讨论，因为你有可能打断一个颠覆性的创新想法。会议"还没结束时就是还没有结束"，此时参与者需要了解时间（与空间）是属于他们的，他们知道自己在做什么，他们有足够的智慧选择自己要做的事。

"开放空间"一个重要的法则就是双脚法则。双脚法则的意思是：在会议中的任何时间，如果参与者发现自己没有在学习或者没有提供贡献，那么就可以移动两只脚，到自己喜欢的地方去。可能是加入另一个小组的研讨，甚至什么也不做，到外面晒晒太阳。这就成功地避免了传统会议中的"精神逃会"，参与者可以根据自己的兴趣去参加自己感兴趣的主题。同时，也终结了只顾发表自己看法，不顾及他人感受或需要的"会霸"。这就是双脚法则最重要的作用。

双脚法则的第二个主要作用，就是让每个人都成为贡献智慧的主人翁。每个人需要自己担负起责任，即在会议中相互学习，在学习中共同成长，在成长中贡献创意，在激荡创意中产生自发的行动。

除去上述两个重要作用，双脚法则对"开放空间"的世界还有额外贡献：制造了"蜜蜂"与"蝴蝶"。

"蜜蜂"们非常认真地看待双脚法则所带来的自由，他们移动双脚不停地在各个小组的讨论间穿梭，贡献自己的思想、见解，提出有洞察力的问题，分享自己的经验教训。"蜜蜂"的贡献是大而直接的，他们如同自然界中的蜜蜂传递花粉一样地传递智慧，为讨论注入丰富多彩的内容。

"蝴蝶"们通常从未真正参与任何一个小组的讨论，你可能会在会议室外、某个角落发现他们在喝茶、喝咖啡、晒太阳等。"蝴蝶"所做的事不多，而这正是他们的贡献。他们创造了"无为"的中心，在那里他们享受静默，或是进行某个新的、尚未被探索过的话题。往往一个话题的意义会浮现出来正是因为无人刻意追寻。

在传统会议中，"蜜蜂"会因为贡献智慧而被人赞赏，"蝴蝶"往往因为没做什么而被人非议，而"开放空间"会议的精髓是：让每个人做自己在当下最想做的事情，讨论自己最想讨论的话题，或是自由活动，借由现场的讨论能量，产生自己灵光乍现的时刻。老子说，道常无为而无不为。在"开放空间"中，"蜜蜂"与"蝴蝶"可以同时并存于会议过程中，是一种大智慧。

当管理者想要开启一场半天到三天的"开放空间"会议时，需要遵循以下基本步骤。

第一，请参与者先围成一个圆，在圆心处放上彩笔和一些A3尺寸的白纸。

第二，和所有人说明"开放空间"会议的流程、规则。

第三，请参与者自主提出想要讨论的议题，并到圆心中用彩笔写在白纸上。

第四，请议题的主人各自带着自己的议题，在会议室中指定的区域张贴，并各自守在自己的议题处，等待其他参与者来贡献智慧。

第五，请参与者移动双脚，到自己喜欢的地方去参与讨论。

第六，设置新闻墙，在指定的时间，由指定的小组对议题的讨论成果进行汇报。

第七，请参与者给各个议题下的各种想法与建议投票，选出自己认可的想法。

第八，将所有议题按照优先顺序排列。

第九，锁定焦点议题，找到行动方案。

案例分享

张总运用"开放空间"让大家自组织探讨"如何提升门店管理效率"

近年来，餐饮业的竞争日益激烈，尤其是连锁餐饮业。作为一名从一线成长起来的老总，张总深深懂得：门店的绩效来自店长的高效管理，店长的管理水平直接影响着团队的凝聚力及每位员工的工作热情。而员工的工作热情、服务能力恰恰是吸引回头客的重要砝码。因此，上任伊始，张总就将"如何打造一支有工作热情的店长团队，提升门店管理效率"列为工作重点。

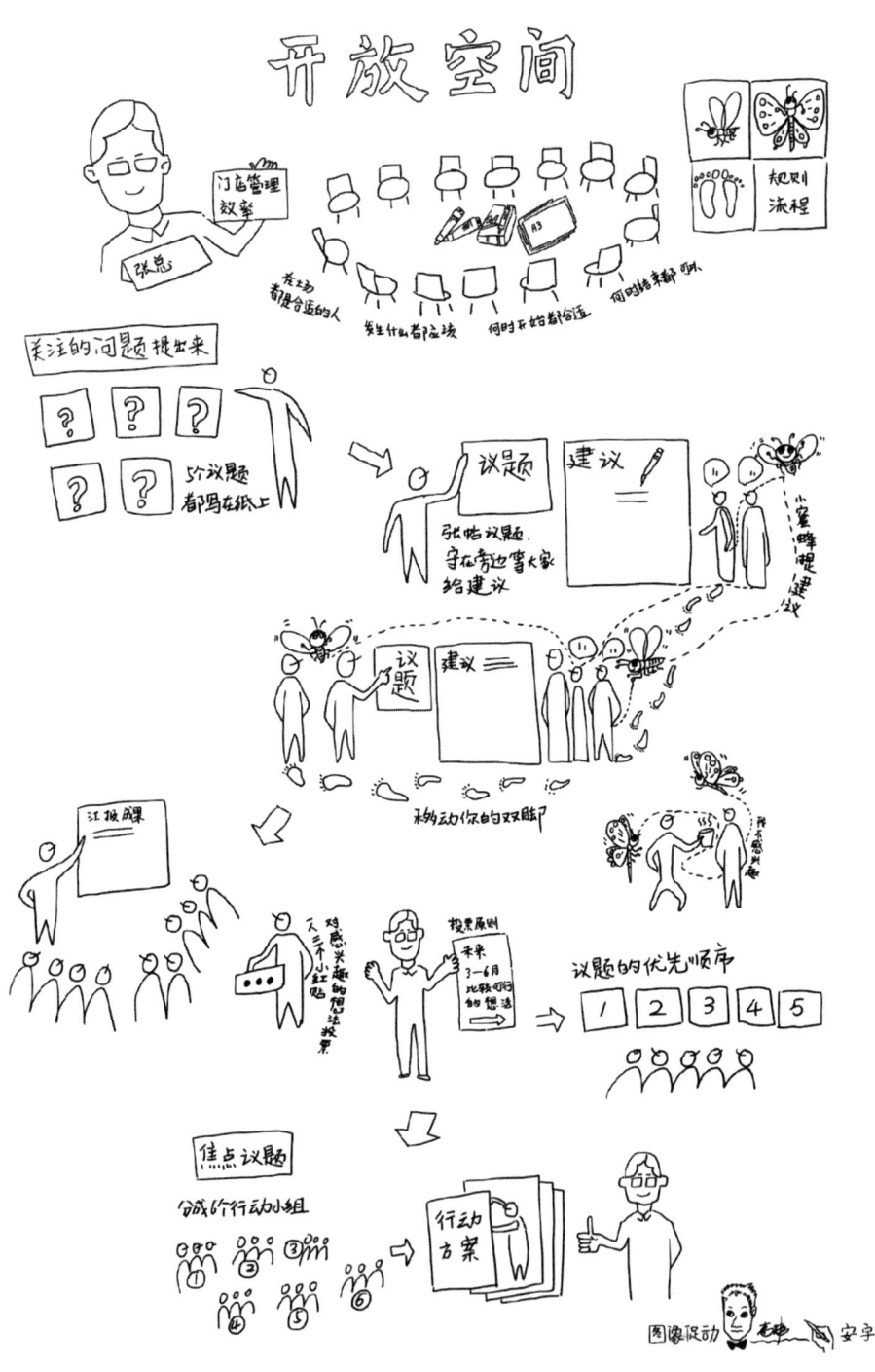

到底如何做才最有效呢？张总想起自己前一段时间在总部培训中接触到的"开放空间"促动技术，于是决定在最近一次店长月度例会中专门拿出半天时间来探讨"如何提升门店管理效率"的问题。

为了会议能够顺利召开，张总做了充分的准备。他先请助理将会议室的椅子围成一圈，再将"蜜蜂""蝴蝶"和"大脚丫"引进会议室。具体的安排是：在会议室里分别张贴蜜蜂和蝴蝶的图片各两张，在左边的墙上贴上一双彩色的大脚丫挂图，以此来表示"开放空间"里的"双脚法则"。在椅子围成的圆圈中间，还摆上了12色彩笔和一些A3尺寸的大白纸。这样布置之后，整个会议室呈现出一种亲和的、有参与感的氛围。

下午1点半，门店店长们陆陆续续来到了会议现场，大家坐在凳子上，有点迷惑又有点兴奋，似乎感觉到今天下午将有个不同寻常的活动。

张总参加过促动师的学习，也体验过"开放空间"促动技术，他知道此时此刻，他不是以领导的身份来开会，而是要扮演会议促动师的角色，促进大家有效参与，有效讨论。结合自己团队成员的特点，张总设计了这个半天的开放空间的会议流程。此刻，他站到圆圈中间开始发言：

"各位店长，今天下午我们例会的主题就是请大家一起来探讨自己关注的问题。跟以往的方式略有区别，会议的主人公不是我，而是大家。大家要在这个下午共同探讨问题，交流经验，寻找可行的行动计划。现在哪位在工作中有比较关注的问题，可以直接提出来。"

习惯于张总一锤定音的店长们开始还有些无法适应。不过，在张总的一再鼓励下，一位新任店长大胆地提出了自己的疑问："我最想知道的是，淡季的时候，大家的门店是如何营销的？我担任店长时间不长，就被这个问题难住了，希望大家能多给些意见。"

看到有人主动发言，张总非常高兴："小李，谢谢你来打这个头炮啊！现在请你到圆圈中间来，把你的问题用彩笔写在大白纸上，字写大一点，让大家都能看到。"

有了第一个提问的人，大家也逐渐活跃起来……一会儿工夫，5个新问题就出现了，它们分别是："我的客人，你在哪里""门店的环境怎样改造才能更好地促进销售""加盟店如何进行品牌建设""如何使我从被动管理变成主动管理""如何使我的员工对客人如家人般热情"。

张总听在耳里，喜在心里。这些问题都是张总已经想到的，今天大家能自己提出来，证明大家都是想解决这些问题的。不过，他明白自己的角色是会议促动师，而不是老总，因此忍住了想发表意见的冲动，请几位店长将问题用彩笔写在白纸上后，向大家开始宣布会议的规则：

"各位店长，我们现在进行的是'开放空间'。目前已经有6位店长提出了他们关心的问题，他们就是今天下午的'问题所有人'。一会儿，我们就把这6个问题分别张贴到会议室的6个地方,其他伙伴可以移动双脚,根据自己的兴趣、经验选择小组,贡献自己的智慧。当然,对这些问题都不感兴趣的伙伴还可以选择出去晒太阳,或者做自己想做的事情。"

张总一边讲,一边挪动脚步,先后对大脚丫挂图和蜜蜂、蝴蝶彩图做了讲解。随后,他还告诉大家:第一轮讨论的时间是1个小时,时间到了之后,请大家回到原地,由6个问题的"主人"报告自己获得的建议。

规则讲完之后,张总就请问题所有者把写有问题的白纸分别贴到会议室的6个区域,随后宣布开始。没有提出主题的店长们开始站起来,到自己感兴趣的主题那里,和提出问题的店长交流起来。

张店长跑到"淡季的时候,你们的门店是如何营销的"这个主题所在的区域,说:"李店长,关于淡季促销,去年我有一个成功的案例。去年淡季的时候,我们店搞了促销活动:买套餐送卡通玩具。来店里的小朋友都可开心了,第二天还催着父母再带他们来。"李店长非常高兴:"这个方法不错,我先记下来。"……在每个主题下面,会议助理给每位店长都贴了一张大白纸,用于记录"蜜蜂"们贡献的各种想法。

"如何使我的员工对客人如家人般热情"这个主题区域聚集了一大批店长。有店长提出:"在咱们店里,每天人来人往的,员工工作量都很大。现在的员工大部分都是'90后',至少也是'85后',怎么能做到对客人像家人一样热情?这个主题本身是不是也有问题?"也有店长认为:"我们平时再忙,每天也要开个小会，对那些工作态度好、笑容温暖的员工提出表扬，送出一个笑脸图标。集齐10个，我们就有各种奖励。奖励的奖品其实都不贵，但是大家都会积极争取，觉得很有面子。"……问题的主人王店长将大家的想法一一记录在大白纸上。有些伙伴从其他主题移动到这个主题来，虽然没有参与讨论，也从记录的内容中学到很多方法，还掏出笔记本记录下来。

张总也在各个主题间游走，他时而倾听大家的想法，时而也在每个地方抛出问题让大家思考："90后"员工最关心的是什么？客人愿意介绍自己的朋友来通常因为什么？环境如何打造才能吸引客户进店？在有些主题上，他也贡献自己的想法："赵店长，你们店的员工都比较年轻，你也新上任不久，在管理上需要琢磨'90后'的心理，了解他们的兴趣爱好。"……通常，张总会在倾听了大家的想法之后，再贡献自己的智慧，以免形成倾向性意见。

1个小时很快过去了，张总召集大家重新围成一个圆圈，之后请每个问题提出者依次到中间来。每位店长都带着写满建议的大白纸，将上面的建议和想法向全场的伙伴做3分钟的总结报告。

接着，会议助理给每位伙伴发了3个小圆贴，请大家为大白纸上的建议投票，投票原则是未来3~6个月自己认为比较可行的想法。投票结束后，张总又提出了新的任务：请大家分成6组，给聚焦后的建议寻找下一步的行动方法，时间是1

个小时。

先由提出问题的6位店长提出自己的行动计划，随后其他门店的店长也分别根据自己门店存在的问题、自己能贡献的经验加入了6个行动计划小组，承诺在未来的6个月中，加强交流，及时分享经验，及时给其他店长提供建议，协助解决问题。为此，大家还建立了一个行动小组的微信群，方便及时联络。

时间已经过去了3个小时，店长们依然热情不减，似乎有很多想法还在源源不断地冒出来。

"开放空间"即将结束了，张总召集大家再次围成一个圆，请每位参与者分享他们今天下午的收获及感悟。孙店长第一个发言："今天下午听了很多店长的分享，平时虽然我们也有交流，但是大多是工作上相互问下这个月任务达标没有，销售额多少，很少有机会能在这么短的时间里听到这么多的好想法。今天我最大的收获就是知道了我们区域几个门店的淡季营销经验，而且都是实战经验，我打算回去就召集团队一起商讨对策。"轮到新上任的吴店长时，他也分享了自己的收获："平时我们很忙，都闷着头干自己的工作，今天下午听了很多非常棒的想法，原来自己身边的同事就非常有创意了，我们也没必要老是去外面请一些什么营销大师回来上课，而是要多和身边的店长们交流，我今天感受到了团队强大的力量！欧耶！"现场爆发出愉快的笑声。

张总第一次在自己的团队里使用"开放空间"，开始他也有些担心:这么松散的会议规则,没有自己全程盯着每个小组,大家自己能把会开好吗?能有什么有质量的建议提出来吗?但今天的结果及大家表现出来的积极状态出乎张总的意料,也超出了他的预期。张总在结束时,忍住了对大家的成果作出一番高姿态的点评,因为他想起来在促动技术学习的课堂上,老师说过:"有经验的领导如果不能控制住自己在会议中的讲话与命令欲望,就会带出一个没有创意没有执行力的团队!放手让大家先去做,陪伴大家尝试错误,在错误中学习,在学习中成长并找到解决方法,最终会获得一个自动自发的团队!"

最后,张总分享了自己的感受:"各位,我是从一线成长起来的,刚来带这个团队,今天大家的分享让我也有很多感触,我发现了大家亟须我支持的地方却是我平时工作中没有关注到的。这个也引起我的反思,我期待与大家一起共同努力工作,实现我们共同的目标,一起打造一个超级团队!"店长们集体鼓掌,听得出来,他们是发自内心地拥护张总的想法,而不是平时开会时的例行鼓掌。

九、私人董事会
——企业家互照镜子、互助成长的好方法

2013年,私人董事会(Peer Advisory Board)在国内企业家群体中走红。一时间,人人都在谈"私人董事会",人人都在关注"抱团取暖"。那么"私人董事会"到底是怎样一种新理念呢?

"私人董事会"最早出现在20世纪50年代的美国。1957年,美国企业家罗伯特·诺斯和他的四位企业家好友聚在一起,希望通过知识和经验的分享,同心协力地解决问题,帮助各自的企业取得更好的成绩。他们给自己这样聚会起了个名字——TEC(The Executive Committee,决策者委员会),这便成为"私人董事会"的源起。

迄今为止,"私人董事会"已经有了50多年的发展历史。目前,全球十几个国家有超过1000个"私人董事会"小组在运行着。另外,也有为数不少的专业机构为中小企业的管理者提供"私人董事会"组建服务。世界权威机构邓白氏(D&B)一项调查显示,拥有"私人董事会"的企业成长速度是其他企业的2.5倍。

既然"私人董事会"如此了得,那么是不是所有的企业都可以应用它呢?它到底适合什么样的企业家群体呢?它又是如何让参与者同心协力解决问题,从而帮助各自的企业取得更好的成绩呢?

说到应用对象,"私人董事会"比较适合成长中的中小企业家群体。为什么呢?大型企业往往都有自己的董事会决策机构,而成长中的中小企业往往没有这种董事会决策机构。在进行重大决策时,最常见的是企业总裁凭经验直觉进行决策;引入了职业经理人团队的企业,往往由于经理人打工心态及面对强势总裁无法坦诚说出真实想法的各种原因,导致企业家们处于决策盲点而不自知。成长中的企业在引入管理咨询的过程中,咨询公司往往提供了一个看上去很美的战略地图,由于内部管理团队能力不足,管理咨询在中小企业无法落地的现象比比皆是。企业家群体抱团成长,互助学习的"私人董事会"也因此得以发展。这也非常符合"私人董事会"的初衷,"私人董事会"的英文是"Peer Advisory Board",直译成中文就是"同伴建议董事会"。

"私人董事会"为企业家群体建立了一种有效的"共修"模式,在共同的学习中,直面各自深层次的问题,相互促进,共同成长。这也是"私人董事会"与一般企业家聚会的区别所在。具体来说,主要包括以下三个方面(如图2-22所示),即结构化研讨的会议流程,相互支持的伙伴关系,熟谙教练/促动技术、有成功创业及企业经营经验的私人董事会教练。

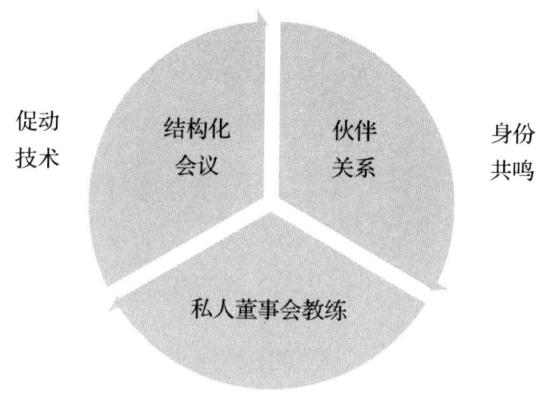

图 2-22 "私人董事会"与一般企业家聚会的三大区别

结构化会议

先来看结构化研讨的会议流程。在会议流程中,所有的参与者都是平等的伙伴关系。另外,会议主持者的能力非常关键。"私人董事会"的主持人要掌握专业的会议促动技术,才能让能量场巨大、热爱发号施令、表达欲望强烈的企业老大们在流程的牵引下,实现智慧的连接。

在初期,企业家们没有掌握这种会议促动技术,就需要邀请专业的会议促动师来协助主持私人董事会;经过一段时间的体验、实践后,企业家们熟练掌握这种会议促动技术,可以自如地实施私人董事会时,就可以自行组织了。

一次有效的"私人董事会"会议流程,主要包含以下七个步骤。

第一步，聚焦问题。会议促动师邀请每个参与者思考并提出一个问题——今天你希望讨论的是什么？什么是正在困扰你的真实问题？

第二步，选择问题。会议促动师请参会者投票，选出一个大家都感兴趣的问题。

第三步，问题描述。促动师请"问题所有者"向与会者详细阐述自己的问题，并且为问题描述架构了清晰的表述格式。例如，"我的问题是如何_____？我想解决这个问题的原因是_____，我已经做了_____，我的困惑点在于_____，我希望_____。"

第四步，提问厘清。在这个环节，会议促动师需要清晰地告知与会者向"问题所有者"提问，帮助"问题所有者"明确真正的问题，并强调在这个环节中只能提问，"问题所有者"也只能就问题作出回答，回答需要简单明了。对于"带着建议帽子的提问"，促动师会适时干预，指出这是一个建议，可以到下一个环节再表达；有洞察力的问题会让"问题所有者"反思，不断向内看，找出问题的根源。

第五步，给予建议。专业的会议促动师会通过感应现场团体能量的起伏，适时结束与会者的提问环节，开始启动建议环节。促动师鼓励与会者基于自己的经验教训，坦诚地向"问题所有者"提供可操作的建议。

第六步，个人总结。在建议结束后，会议促动师会请"问题所有者"进行个人总结，引导其进行合适的表达建构，通常要说明自己今天的收获与反思，在所提出的问题上，自己可以作出哪些改进，具体的行动步骤和时间等。

第七步，小组反馈。通常，会议促动师会请所有与会者表达自己今天在"私人董事会"中的收获、感悟等。最后的小组感悟和分享往往能再次引发与会者的思考。

而长期"共修"的私人董事会小组，还包含另外两步，分别是：第八步，问题所有者的行动；第九步，再次回到私人董事会小组，汇报自己的行动成果，反思与改善计划（如图2-23所示）。

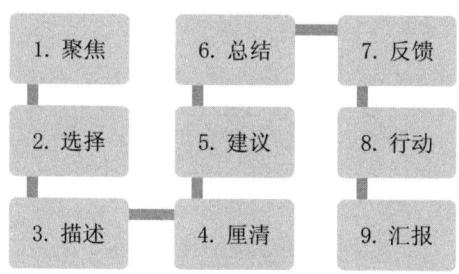

图2-23　召开"私人董事会"的九大步骤

由于"私人董事会"是一个持续学习与成长的过程，通常成员会每月定期聚会。在下一次"私人董事会"开启时，第一个环节需要请上一次的"问题所有者"阐述自己行动的成果与经验分享，对未完成部分还有哪些改善行动计划；之后才开始进入常规的"私人董事会"流程。

对于持续成长的"私人董事会"小组，通常情况下第一步和第二步也可以在会前完成，以提高会议的效率。

总的来说，"私人董事会"的流程本身并不难操作，难点在于对结构化会议流程的尊重和会议促动技术的掌握。

一名专业的会议促动师,要熟谙提问、观察、聆听、表达的技能,并在会议过程中平衡地运用这些技能来促进与会者参与(如图2-24所示)。促动师需要适时在会议过程中层层深入地提出有洞察力的问题促进与会者反思;观察现场参与者的群体智慧能量是顺畅地流动还是阻滞在某个地方,有效地运用群体互动技术来促进智慧能量的流动;深度聆听每个人的发言,与每位参与者进行深度的连接,从而促使与会者内隐的智慧浮现。促动师通过合适的表达,让每位与会者尊重会议流程,尊重每位参与者的智慧,从而使群体智慧得以连接。

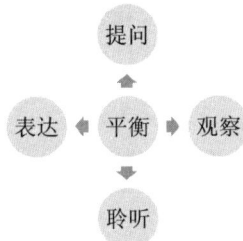

图 2-24 专业促动师需要掌握的技能

从某种意义上来说,每位企业家都需要成为一名促动师。这不仅仅是"私人董事会"的需要,也是企业家促进自己企业员工群体智慧得以浮现,让企业倍速发展的基本能力。有着"CEO中的CEO"美誉的GE公司前CEO杰克·韦尔奇就是一名伟大的促动师。他在启动GE公司历史上最著名的文化变革过程中明确地指出:"领导者需要的不是控制和监督员工,而是促动、尊重员工,建立一种每个人的想法都有效的群策群力的企业文化。"

伙伴关系

谈完了结构化研讨的会议流程，我们再来一起谈谈相互支持的伙伴关系的建立。

通常情况下，要建立一个相互信任的"私人董事会"小组，需要符合以下四个基本原则（如图2-25所示）。

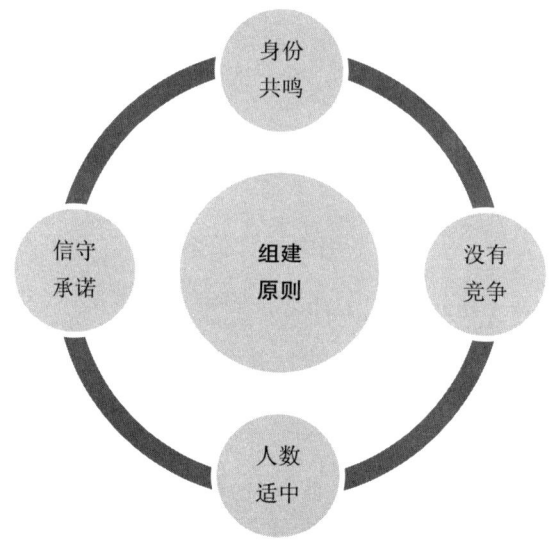

图2-25　建立互信的"私人董事会"小组的四大基本原则

第一，身份共鸣。一种方式是：小组成员可以有行业差异、学历差异，但是身份要匹配。譬如都是企业的创始人，企业的经营规模差距不要太大，可以都是资产在2000万～5000万元的企业家，也可以是资产在5000万～1亿元的企业家。相同的经历、类似的问题，会令企业家们在会议过程中产生共鸣，在相互鼓励与支持中一同前行。另一种方式是：小组参与者可以有行业差异、身份差异，但是彼此之间是能够在一个频道上对话的。比如一个企业家的私人董事会成员中可以有设计师、顾问、其他企业家、大学教授……总之，是他认为可以一起对话交流、共同成长的一群伙伴。

第二，没有竞争。小组成员之间没有竞争关系，也没有亲密关系。譬如，在同一座城市中，都是做服装连锁的企业家不宜在同一个小组。夫妻、兄弟、父子也不宜共同讨论。亲密关系虽然能够促进坦诚沟通，但同样存在很多理不清的利益关系，会阻碍所有与会者的深度沟通。

第三，人数适中。一个稳定的、长期的"私人董事会"小组，建议人数最好不超过15人；如果按照中国人围桌吃饭的习惯，一般就是12人比较舒服。人太少，智慧的连接不足，创新不够；人太多，一轮讨论的时间过长，参与者的注意力容易发散。这些都会影响"私人董事会"的效果。

第四，信守承诺。"私人董事会"之所以能够长期坚持，并滋润每位参与者的身心，解决每位成员的深层次问题，最核心的原因就在于每位成员都能信守承诺。这些承诺包括：为每个组员保守秘密，遵守时间，遵守小组的共同约定，尊重每个人的发言等。后加入者往往需要承诺遵守这些规则，获得全体"私人董事会"小组成员认可，才能加入一个"私人董事会"小组。如有违反承诺者，小组成员也可通过投票的方式，请他离开。

私人董事会教练

那么,什么人可以做"私人董事会"教练?"私人董事会"小组的教练最好同时具备以下两大特征。

第一,内容专家。作为教练,最好是有过创业经历的企业家,且经营过的企业规模要大于所要教授的"私人董事会"小组成员。由于有真实的创业经历,所以教练可以从内心深处理解此类经营规模的企业家面临的困惑与挑战,能够适时地分享自己的亲身经验,并提出合理的建议。

第二,过程专家。"私人董事会"的教练必须要熟练掌握教练技术和促动技术。也就是说,既能够在平时基于小组成员的需要,进行一对一的个人教练;又可以在会议过程中,通过有效的提问,观察、聆听、表达、促进小组成员深度反思,连接智慧,共同成长,并将自己的经验有效地传授、迁移给小组成员。

然而,遗憾的是,能够同时具备上述两个条件的人数太少。许多企业家有着丰富的创业经验,却缺乏相应经验/智慧迁移能力,即无法用有效的对话方式、培养方式来促进他人获得自己的经验和智慧。很多企业家除了会演讲、说教、提问,观察与聆听的能力都不强,所以无法促成中小企业家跨越从"应该如何做"到"实际做到"之间的鸿沟。而目前掌握教练技术和促动技术的教练、促动师和顾问,大多数又缺乏创业实践。这就使得成长中的企业家群体依旧在"摸着石头过河"。

因此,中国企业家群体要形成真正的"私人董事会"小组,促进企业的倍速成长，需要已经比较成功的企业家愿意牺牲一些经营自己企业的时间，愿意掌握促动与教练技术（这里提到的教练技术并非那些打鸡血的所谓心态教练技术，而是提问、观察、聆听、表达及绩效改善教练技术），有效地支持与陪伴成长中的中小企业家在解决真实问题的过程中成长。这样一来，"私人董事会"的价值才会真正体现出来。

案例分享

陈总组织10名企业家，运用"私人董事会"流程探讨"如何促进员工积极主动参与到问题的解决中来"

陈总是一家机械公司的董事长，凭着"拼命三郎"的干劲儿，几年下来，公司的产值已经超过亿元，员工也达到了百人。随着业绩的提升与员工数量的增加，陈总常会感觉身心俱疲。

前段时间，陈总受邀参加了一次"私人董事会"。他发现，会议的参与者都是各个企业的老总。大家在现场针对其中一位服装行业的企业家提出的问题，通过不断提问帮助他逐渐认识到自己的盲区。之后的建议阶段，陈总更像是发现了新大陆：各位参与者虽然所在企业各不相同，但大家拥有相似的创业、企业发展经历，提出的建议都一针见血，切中要害。这次"私人董事会"的见闻给陈总留下了深刻印象。于是，他决定去专门学习这门技术。

第 二 章 智慧互联：提升领导力的十种促动技术

很快，陈总就掌握了"私人董事会"促动技术，并和他的朋友赵总一起成功地召集了一次会议。这次会议的主题是探讨"如何促进员工积极主动参与到问题的解决中来"。整场会议由赵总担任促动师。

为了会议能取得预期效果，两位召集人提前选择了一个适合"私人董事会"召开的地方。这个地方私密安静，能让大家静下心来，全心投入到现场交流中；有圆桌，能让大家感到彼此间的平等，而且互相能看到对方；有企业和姓名牌，便于大家互相熟悉；还有墙上手绘的流程挂图，让大家知道今天的会议是有规则的。

除了布置会场，赵总还专门给大家发了会议通知。通知包括："私人董事会"是什么，本次会议的主题和议程，以及会议规则。这样做的目的，一是请大家做好心理准备，二是保证会议能够如期有效进行。

有了充分的准备之后，"私人董事会"如期举行了。首先，促动师赵总做了开场白，简单介绍了"私人董事会"的缘起和发展，本次会议要探讨的主题，会议的议程、规则。

为了交流顺畅，赵总请与会者先做了自我介绍。介绍完毕后，他向大家宣布了第一个规则："各位老总，为了保持有效沟通，请大家在会议期间将手机交给会议助理保管。"有参与者虽然提前收到了会议规则，还是在现场提出：各位老总平时都业务繁忙，像房地产公司的张总目前就还在等着一位北京客户的回复。这个时候上交手机是不是会耽误工作？赵总严肃地说："各位老总，我们要遵守会议规则。更重要的是，我们要尊重每一位在现场的伙伴，关注当下。"于是，大家都痛快地上交了手机。

接下来，赵总请"问题的主人"陈总用3~5分钟时间对自己带来的问题进行陈述，并要按照"我如何……（要解决的问题）这个问题很重要是因为……（什么原因），为了解决这个问题，我之前做了……（什么事情），我希望大家帮助我……（做什么事情）"的形式。这样一来，与会者就能比较清楚地了解问题的来龙去脉了。

于是，按照上述形式，陈总开始了自己的陈述："我创立这家公司已经7个年头了，年产值已经上亿元，员工也有上百人了。公司打算未来5年产值从1亿元发展到5亿元，这对我来说是一个坎儿。目前市场环境、国家政策都不是问题，让我头痛的事情就是解决目标的落实问题，到底该怎么做才能让员工自动自发地参与到问题的解决中来。几年来，我深感关于目标的落地都是靠我自己的力量在推动，稍有疏忽，很多事情就无法执行下去。公司要实现从1亿元到5亿元的飞跃，什么事情都靠我亲力亲为是不现实的。现在公司上百人，情况已是如此，要是发展到二三百人呢？为了解决这个问题，我们搞过战略规划、绩效管理咨询，也给管理层做过培训，可是收效甚微。这就是我遇到的问题。这个问题也具有一定的普遍性，所以提出来希望共同探讨，大家给些好的建议。"

陈总发言完毕，赵总紧接着做了动员，并宣布了讨论原则："非常感谢陈总坦诚地和我们分享了他的问题。在座各位都是企业老总，在企业快速发展过程中积累了不少经验教训，相信一定会有出色的建议。只是，在此之前，请大家按照我们的既定流程来做。下面要进行的步骤就是向陈总提问。提问的目的有二：一是积累更多的信息，以便大家提出更有针对性的建议；二是帮助陈总厘清问题的脉络，找到身为当局者看不到的盲点。不过，在这个环节，大家只能提问，不能给建议，后面有专门的建议环节。如果在这个环节有建议出现，我会毫不犹豫地打断。好，现在请大家开始发问。"

来自IT企业的黄总首先提问："请问你们公司目前的管理层有几位？"

陈总："高管主要是董事长和总经理，中层包括采购、技术、生产、销售、人力资源等各部门的经理。"

来自制药企业的沈总接着提问："那么管理层想要达成什么样的共同目标呢？"

陈总："打造世界一流的企业。刚开始创业的时候，觉得实现这目标并不难，现在做一段时间反而觉得难了，感觉自己力不从心。"

来自外贸公司的李总也提出了自己的问题："员工有什么表现，你觉得就算是自动自发参与到解决公司问题里来了？"

陈总："我们公司的产品在业内还是属于比较尖端的，研发出来的产品需要不断测试，所以需要生产部高度配合，还需要采购和供应商打交道时，按照我们的需求要求供应商定制。我本身是搞技术出身的，很多时候都在搞技术研发，希望他们几个部门的员工能自己和采购谈判好，沟通协调好。现在的情况是，一有解决不了的问题，他们就跑来请求我出面。我的大部分时间都陪他们解决问题去了，这严重影响我的研发进度。我希望他们要把公司当作自己的家，把公司的问题当作自己的问题，尽最大的可能自行解决问题，不要什么事情都来找我。"

听到此处，来自新材料科技公司的汪总忍不住发言了："陈总，我觉得这个问题的出现就是因为你太关注技术了。作为一个老总……"

这时，促动师赵总出面干预了："汪总，我们现在是提问时间，建议时间在后面，你可以先向陈总提问。"

"哦，现在不能给建议啊，忘记了忘记了。"汪总不好意思笑笑。他稍微停顿了一下，接着问道："陈总，作为公司总裁，你每天工作时间一般是怎么分配的？"

陈总："我每天的工作时间分配？我每天主要的时间都是用来搞技术研发，平时还要拜访重要客户；日常公司内部管理工作嘛，一般是和公司的总经理沟通下，主要是他在管理。"

汪总接着又追问了几个问题："那你提出的这个让你头疼的问题，你和公司的管理层开会讨论过如何解决吗？开过几次会？他们都是怎么说的？"

陈总迟疑了一下，思考了一小会儿，回答说："我们也私下讨论过，但是没有正式开会讨论过，只是在公司例会上拿出过一点儿时间讨论。管理层的反馈就是现在员工很难管，执行力不高，对薪水不太满意，所以做事积极性不够，提出的建议就是要调薪。我们公司给骨干员工的薪水在业内已经是前三名了，我觉得不是这个问题，是管理层没有做好工作！"

汪总是个急性子的老总，又忍不住要提建议了："陈总，我觉得……算了，我一会儿再给你建议，我知道你的问题出在哪里了！"大家都笑起来。

来自汽车配件公司的倪总说："我来提个问题。老陈，你和你的员工面对面坦诚沟通过这个问题没有？你了解他们不愿意积极主动解决问题的原因吗？"

陈总想了一下，似乎若有所思，还是坦诚地回答了这个问题："我平时主要和他们沟通工作上的事情，很少和员工谈心。我觉得，这个问题是总经理需要做的事情，因为他是搞内部管理的嘛！"（其实，这位总经理也是搞技术出身的，对内部管理并不擅长。）

来自塑胶公司的周总也提了个问题："陈总，现在这个问题不解决，对你和你们公司有什么很严重的影响吗？"

陈总身体向前靠了靠，有些无奈地笑了笑，指着自己的头发说："对我个人的严重影响就是身体变差了，每天上班时间都超长，头发这一年来白了很多，精力透支，我甚至都开始迷惑我这么辛苦把企业搞大干什么，有什么意义。对公司的影响也很大，我们前两年就已经做到1个亿了，现在市场环境对我们是个大机遇，我们这两年还是在1个多亿徘徊，我觉得员工不能主动积极解决问题就是主要原因！"

来自旅游公司的钱总清清嗓子："陈总，我听下来，你主要的问题就是公司的总经理没有把员工的积极性调动起来。我觉得你应该把他的工作职责定好，你觉得呢？"

促动师赵总这时又进来干预了："钱总，你这是个建议，不是在提问。"

钱总说："我是在提问啊，我问他自己怎么看的。"

赵总答道："钱总，你前面给了个很长的定语，已经对他下结论了，是个带着提问帽子的建议，看着是在提问，其实是个结论和建议。"（赵总去学促动技术的时候，老师给过很多"带着提问帽子的建议"的示例，之前他在课上也常常提这种"假问题"。）

钱总说："我觉得陈总的问题已经很明显了嘛，就算是个建议，现在也可以提了吧？"

赵总笑着回答钱总："钱总，我特别理解你的心情。以前，我参加'私人董事会'的时候也是一轮提问还没有结束，就觉得不需要再多问多听了，问题的原因很明显，直接给建议就好。不过，等耐着性子听完所有人的提问和当时那个问题所有者的回答，我最后给出的建议与最开始得出的结论相比，已经发生了很大的变化。其实，我们在他人的提问中会逐渐接近问题产生的核心原因，也会从陈总的回答中获得更多的信息。这个过程也是让我们学会如何更好给予他人有效的建议。"

钱总点点头，表示赞同："好吧，那我来问个尖锐点的问题。陈总，你觉得造成你们公司和你自己现在这种困境，你自己最大的问题是什么？"

问题一出，在场的老总们就是一愣。这个问题直指核心。除了赵总和陈总，大家毕竟第一次来参加"私人董事会"，这样提问好像有点不给陈总面子。大家都看着陈总，看看他准备怎么回答。

陈总参加过"私人董事会"，他明白，越尖锐的问题越能找到解决问题根源的方法，回答得越坦诚，大家给出的建议才会越有效。

陈总略微停顿了一会儿，有点不好意思，但还是坦诚地回答了这个问题："我也知道作为公司的董事长，公司如果有问题，我责任最大。我觉得自己现在最大的问题就是没有面对现实，而且我还处在当局者迷的状况中，看不清楚自己到底有哪些行为是阻碍公司发展的，所以才想用'私人董事会'的方式，让大家给我剥剥壳……"

现场的提问气氛渐入佳境，接下来几位老总也开始提出一些"剥面子"的问题："既然公司的总经理是负责内部管理的，现在员工没有主动积极参与问题解决，你有没有要他拿出解决方案？没有解决问题，对他有什么惩罚措施？""你们对核心员工的激励政策是什么？公司内部的沟通渠道是什么？你怎么保证听到一线的声音？""管理层不能推动目标落地，公司的绩效政策是怎样的？对他们的工资奖金有什么影响？""你跟没有与你合作的客户做过沟通吗？他们认为你们公司有什么问题？""想从1个亿提升到5个亿，你们和员工一起开会畅想过这个愿景吗？你的管理层内心认为这个目标可行吗？"……

伴随着这些"剥面子"问题的一一提出，陈总逐渐从开始有点精神不振的状态，变得注意力越来越集中，并在笔记本上将大家的问题一一记下，然后一一坦诚作答。他对最后一个问题的感触尤为深刻："我从来没有和管理层沟通过5个亿的战略目标，更别说和员工沟通过了。这的确问到我的痛点上了。很多员工，包括管理层，都不知道公司未来5年要发展到什么程度。"

不知不觉间，1个小时已经过去了。这时，促动师赵总及时插入进来："各位，大家现在的状态太棒了，提问时段也结束了。现在，我们进入建议时段。请大家稍微思考下，结合自己的经历、经验、教训，给陈总提提建议。陈总在这个环节需要保持聆听状态。"

性急的汪总第一个发言："我先来。陈总，今天你很坦诚，给我们讲了很多公司的问题，首先感谢你这么信任我们。我这样听下来，我认为是你个人的领导风格导致了公司员工没有积极参与到问题解决中来。

"你关注技术研发,在公司没有建立起内部交流的渠道。员工在想什么,你没有直接的渠道获得。你和管理层也没有针对这个问题进行专门的研讨,只是把责任丢给总经理,认为他是搞内部管理的。这对一位董事长来说是不合适的,责任虽然是总经理的,但是你是公司第一负责人。你既然已经发现是这个问题阻碍了公司的发展,而且公司业绩两年来一直没有进步,你却还一直要总经理去解决。他在两年的时间里都没有解决这个问题,你还去强求,这表明你发现了问题却没有推动事情的解决。

"我建议,接下来你要亲自主抓这件事情,而且要将其作为一个项目抓起来,将自己投入技术研发的时间拿出来一部分投入到对人的关注中。你关注得少的地方肯定是你们公司的短板。要把这件事情列入公司月度例会重点讨论内容,明确管理层在这个过程中的责任,每次月度例会都问责管理层落实任务的情况,员工参与讨论的情况,对那些不该由你去直接解决的问题,拿出来在会上直接讨论,拿出对策。"

陈总一边听,一边点头,一边记录。在"私人董事会"上,老总们的建议都是直指核心,没有顾问的矜持,没有课堂上教授们的理论框架,有的就是一针见血。

周总接着建议道:"我觉得陈总选的这个总经理需要换岗位,要找个专门搞人力资源的老总来做内部管理。刚才听到陈总说他也是股东,虽然分管内务,但是也是技术出身。技术出身的人对人不太敏感，你们两个都是技术出身，这种组合肯定会导致公司的技术导向，对员工的关心不够。你也是技术出身，你做不到的事情他也做不到。我们公司以前也是这样，我自己也是搞技术的，我的那个管内务的老总也是搞技术的，我让他去搞行政，结果公司很多人才都流失了，他人是不错，但是性格太耿直，说话直接，伤了别人的心他也感觉不到。我后来发现这个问题，就及时做了调整，请了一位职业经理人来做内部管理，人家是专业选手，擅长做人力资源管理，把员工关系也搞得很好。"

陈总听了，立刻产生了共鸣："是啊，我这个总经理，说起来话长，我们一起创业，说好了我负责技术研发，他拿出精力来搞人员管理，结果呢……"

"我以前也是关上门和几个高管、几个外面的战略顾问把战略一定，然后发个文件，也没有和管理层一起开会解读，更没有和员工一起沟通。这样搞战略制定和员工执行，管理层沟通永远都是几张皮，公司形不成合力。我原来为这个也老在会上发火，我们也是去年开始和管理层、员工以各种方式沟通我们的战略，比如战略落地研讨会、公司愿景共识会、绩效改善成果分享会等，还定期作出各种图册发给大家，效果很不错。"

陈总频频点头，快速地记录下一些关键点。

其他几位与会的老总也分别发表了自己的观点，提出建议和自己公司原来碰到的一些问题，以及介绍自己公司是如何渡过难关的。

促动师赵总待大家建议结束后，转向陈总："老陈，现在到你发表的时间了。你的总结陈词也有规则，今天你的收获点、自我反思点分别是什么？下一步你打算做些什么改善？"

陈总调整了一下坐姿，身体前倾，清了清嗓子："今天好多老总都是第一次见面，真的非常感谢大家如此直言建议。做老总久了，下属不敢讲得这么直白，很多交往的人都有利益关系，讲话也都有所保留。今天虽然被大家的提问和坦言建议'扎'了好几针，但是我很舒服，真心感谢大家！

"我今天的收获主要可以概括为三点。第一，我意识到了自己对人的关注太少，对技术研发关注太多。作为一个老总，缺少了对人的关注，就肯定无法让员工自动参与到问题的解决当中来。第二，我意识到了公司缺少通畅的沟通渠道。在这样的情况下，我无法了解一线员工的想法，员工的想法也没有机会直接传递到我这里。第三，我发现了我们中高层管理者与员工之间缺少对公司发展战略的共识研讨。

"我的自我反思点在于：我其实早已经意识到这些问题，却一直在逃避自己该承担的责任，结果反而让自己更累。我需要想清楚我对公司定的发展战略到底意味着什么。

"我的下一步行动计划也是和我的收获点相关联。一是要建立一个'总裁直通车'，让员工可以直接把建议发给我；我也会定期到各个部门走访，和员工谈心，了解他们的状态。下周我打算先走访生产部。二是要招聘一个专业的人力资源副总，专门负责公司内部人才管理。三是在未来两个月内，先和公司管理层一起召开一次5年发展战略研讨会，让我们的管理人员了解公司的战略规划。

"今天大家的提问、建议都让我产生了深深的反思，这种反思恰恰是我现在最需要的。在企业里，没有人管老总。企业出了问题，老总没有这种反思，那企业就有可能一直滑向深渊也不自知；老总有了这种反思，那企业滑向深渊时就能半途停下来。太感谢大家了！"

所有现场的参与者也都给陈总这番话报以热烈的掌声。

促动师赵总："各位，今天我们的会议接近尾声了，最后我希望每个人说说自己的收获，每个人也会从他人分享的收获中学到东西。"

张总："今天虽然提前看了信息，知道议程，但是是第一次参加'私人董事会'。我的感悟就是每个人既是问题的分享者，也是问题的解决者。"

李总："今天这个'私人董事会'的方式很好，每个行业都有一定的特点，这样的跨界学习，会带来新的想法。有的行业里司空见惯的事，放到另外一个行业里就有创新。"

倪总："今天这个过程让我反思到平时我们的会议的确应该有流程。我平时开会讲得多，听得少。今天的会议流程就是我最大的收获。"

……

促动师赵总："感谢大家的分享。我自己也是企业的老总，今天来主持这个'私人董事会'对我也是一个挑战。平时开会都是说多问少，讲多听少，已经成了习惯。要打破这种惯性对我们每位老总都是一种挑战。我们在企业里没人管，平时自己打破自己在公司定的规矩而不自知；习惯命令别人做这做那，很少完整地聆听别人的发言。

"'私人董事会'帮助我们重新开始学会尊重每个人。尊重不是用来说的，而是在行为上表现出来的，能在听别人说话时不随便打断，能尊重大家都共识的规则。我们每位企业老总都需要学会这种开会的促动技术，否则在企业中很难促进团队协作，在企业外也很难和他人达成共识，这就跟不上时代了。

"而且，我们也不能只停留在这一次交流上。我提议大家定期聚会，提前定好每次讨论谁的主题，下一次聚会时，上一次的问题所有者讲一下自己行动改善的成果。这样，我们大家才能更好地相互学习，共同成长！"

参与的老总们都鼓掌表示赞同。

伴随着大家开心的笑声，这次"私人董事会"愉快地结束了。

十、企业剧场——促进员工认同企业文化的快乐时刻

随着商业文明的不断进步,许多企业已经认识到企业文化是企业核心竞争力的关键所在。企业要发挥文化的竞争力,就要有一套较为系统的企业文化理念体系,还需要让企业文化真正落地,把企业的核心价值观等企业文化理念真正根植于员工的心中,相融于员工的血脉,促使员工形成自觉的思维方式、内驱力和行为习惯,即内化于心,外化于行。

企业文化落地需要各级管理者以生动有效的方式,将企业文化传播给员工,而非仅仅把使命、愿景、价值观生硬地传递给大家,要大家熟背,或者是单向讲授枯燥无味的企业成长故事,没有激发大家的参与感。

企业剧场(Theater in Enterprise)是一种借鉴英国教习剧场、美国一人一故事剧场,结合室内拓展训练,以质朴戏剧的方式直达内心,让企业中的员工集体创作属于这个企业的故事,并在这个企业中演出的剧场形式。

"企业剧场"以人的发展为中心,注重倾听和感同身受,并通过高密度的行动使情境再现和角色扮演,从而使人产生共鸣,促

发反思，引发行动意愿。

"企业剧场"是一种重要的促动技术，它非常注重学员参与性、现场开放氛围营造和团队智慧互联。

"企业剧场"的理念认为，每个人的经验都是值得被关注的，"人人是主角，人人有能力，人人能参与"。

"企业剧场"倡导的规则为"轻松、平等、理解、欣赏、陪伴、连接、聆听、在场、入戏"，在剧场游戏和剧场沟通中了解彼此的状态和想法，对他人在剧场中的反应带着欣赏和真诚的态度，深度同理对方表达（语言和肢体）背后的真意。一次成功的企业剧场活动，整个过程中会呈现释放、创意、想象、快乐、包容、分享、挑战、反思、尊重和接纳的开放性氛围。

企业剧场把主题故事化，故事剧场化，让参与者通过"讲故事、演故事、谈反思"共同创造企业文化影像。

戏剧哲学认为，故事既是传递信息最有力、最持久的工具，也是人类深层次的一种内在需求。企业剧场中的故事不是历史故事或虚构的故事，而是发生在参与者生活当中真实的故事。当故事的拥有人将自己人生经历中的某个片段选择回忆出来的时候，他已经赋予了它不同于其他经历的意义。一个人在叙述其生命故事的过程中，生命的体验得到了梳理，故事蕴含的丰富意义也随之呈现出来。

案例分享

赵行长运用"企业剧场"促进团队成员凝聚力提升，深入理解企业文化

赵行长管理着一个30人的团队，作为从银行一线成长起来的管理者，她深知银行员工平时工作的辛苦，为此她引入过不少积极心态的培训，也安排过一些户外拓展。当时的效果也不错，大家在户外玩得很开心，但是回到行里工作一段时间，又回到了那种紧张、疲惫、高压的状态，团队的流动性变高，凝聚力变低，员工对企业认同度下降；同时，培养一名新员工上手需要很长时间，为此她很苦恼。

赵行长最近参加了一次"企业剧场"，她在其中深深感受到了那种压力的释放，参与者的相互欣赏与参与的快乐。她决定邀请专业的促动师可可来支持她的团队体验一次半天的企业剧场。经过前期沟通和精心的设计，这天下午，可可带着大家开启了企业剧场之旅。

可可首先让参与者起立，不用语言，用眼睛、用笑容在1分钟内尽可能向每位伙伴打个招呼，之后，开启剧场的行走练习。可可让参与者各自在圈内进行情景化行走，如：均匀的圆运动，快走，慢走，不看路人的行走，用脚的外侧对偶遇的人打招呼，用膝盖对偶遇的人打招呼，用肩膀对偶遇的人打招呼，用后背对偶遇的人打招呼，用热情对偶遇的人打招呼，用信任对偶遇的人打招呼，用怀疑对偶遇的人打招呼，用愤

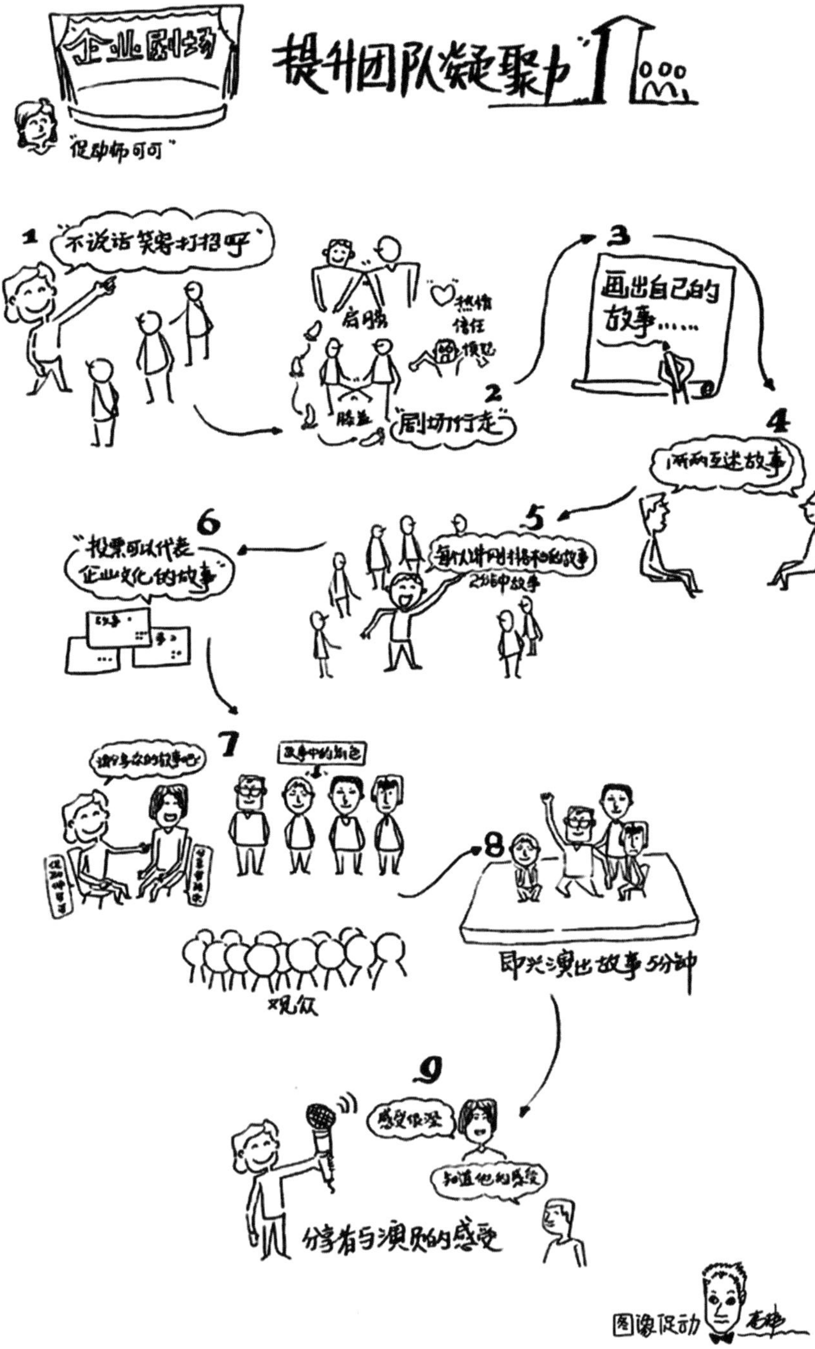

怒对偶遇的人打招呼，用握手对偶遇的人打招呼，说"你好！"然后恢复正常行走。

之后，可可问大家：大家在这过程中有什么发现？有什么感受？"90后"柜员唐小飞立刻发言：我刚才一直在看刘洋，他一直低头走路，低头用膝盖打招呼，都没有正眼看过别人……刘洋立刻脸红了，他是个腼腆的"90后"男孩，今天这样和大家用各种方式打招呼，对他来说已经是人生难得的第一次了。之后几位小伙伴又积极地发表了自己的发现与感受：快乐，新鲜，原来还可以这样打招呼。

可可接下来请参与者思考2分钟，回顾所在银行的一个文化故事，要求是自己亲身经历的工作或者生活中的与企业文化、价值观匹配的故事。其间每人拿到1张A4纸和1支彩笔，可可请每个人用5分钟在A4纸上写下故事中的主要人物及关系，故事中的主要场景及物品，故事中人物的情绪状态及情绪变化，故事中的关键对话，给故事起个名字。写好后，可可请每位参与者在组内寻找一位搭档，两两结对而坐，互相讲述故事，每人讲3分钟。行里的小伙伴们平时工作生活很忙碌，很少有机会向身边的人分享自己的故事，在讲故事的过程中，大家感受到自己被伙伴关注、陪伴和欣赏。可可发现，无论是"90后"的新员工，还是行里一些老员工，都逐渐打开自我，讲出心里话，开始深度挖掘发生在身边的企业文化故事。

之后，可可请现场的小伙伴分两个组围坐，每组15人，在组长的带领下，邀请每位伙伴在2分钟内讲述他的搭档刚才讲的故事，30分钟后，分享完毕，组内广泛征集了15个企业文化故事。赵行长在这一过程中，一直深度地聆听大家的分享。她发现，平时开会、培训都不爱发言的员工，今天竟然全都积极踊跃地参与进来，而且分享的许多故事，连她都没有听过，赵行长不禁有点儿自责：自己平时总是忙工作、抓绩效，忽略了大家内心如此丰富的情感需求与分享的渴望。

可可接着请各组成员把故事卡放到小组圆圈中间的地毯上，请组长带领组内成员对刚才听到的15个故事，用小圆贴进行投票决议，每人往圈内的15张故事卡上投3个点，3个点可以都投到一张故事卡，也可以分开投票，票数最高的作为该组的企业文化故事代表。故事拥有者为该组的故事代表人，其他故事卡张贴到会议室预先准备的企业文化故事墙上，之后请大家自由走动浏览，会议室里不断听到大家的笑声。

之后，大家来到可可布置的一个"舞台"：6把椅子排列成半环型。可可邀请一位愿意分享自己故事的伙伴陈荣上台示范，让她先坐到第二把椅子上，之后可可邀请4位愿意即兴演出的小伙伴上台，坐到第三到第六把椅子上。可可入座第一把椅子，准备采访故事，这个位置方便促动师兼顾台上分享者和台下观众。

可可首先请陈荣说出故事的名字，故事发生的时间、地点和人物，之后让陈荣在4位演员中挑选饰演自己和饰演关键角色的人，被选中的演员进入深度聆听和酝酿入戏的状态。

可可请陈荣2分钟讲述故事，并做了简短的回应，当可可发现陈荣没有说出故事中的人物性格、情绪转变、关键对话等重要信息时，就会提问，让这些信息为演员的即兴表演提供重要素材。故事采访完毕，可可向观众简要复述故事梗概，请观众和故事分享者拭目以待演员们5分钟的即兴表演。可可提示演员，除了被选中饰演主角的几位演员有特定的角色，其他演员可以随机发挥，比如饰演道具、饰演群众等。

丁一兰和陈木、花花、水哥作为带头的4位演员，开启了5分钟即兴表演。这个故事是关于陈荣从柜员成长为网点负责人的故事，其间有她的低谷，有她为了网点的业绩熬夜、加班等的传神表演。演出结束时，可可请4位演员目视陈荣，说"送给你！"可可发现陈荣眼里似乎有些湿润了。

可可接下来采访陈荣看过演出的感受，陈荣有些哽咽："对自己的这段经历被同事们表演出来，感触很深，很释然，以前觉得大家并不了解也不理解自己，自己也不理解自己为什么会这样，今天作为一个观众，看到了自己的成长，看到了自己的盲点，真的非常感谢！"可可又请每位演员说一句演后的感受，花花说："扮演同事，才知道了同事的感受，以后会更有效地与同事交流，会站在对方的立场思考。"水哥："我，深深地被主人公的责任意识触动了，我要抱抱她。""抱她，抱她"！下面的观众们都快乐地哄笑起来。

半天时间很快过去，剧场也结束了，许多伙伴离开会场前都在问：下次什么时候？赵行长的感触颇多：在工作场所里创造快乐,人们来到这里工作就会想起这些快乐的经历,那就无须总是跑到大自然中去寻求放松与幸福感;今天这种快乐,不是发奖金后那一小段快乐,不是大吃一餐后食物带来的快乐,而是员工们通过这个方式领悟了工作与生活如何创造价值的快乐,是与企业共同成长的快乐!这种快乐会在心中种下一粒有生命力的种子。看来,要让各级管理者都掌握这种简单易行的促动技术,使团队提升凝聚力变得更简单。

(本案例由WFA国际促动师协会高级促动师赵为提供)

第三章

行动落地：促动前中后做足功夫

一、促动前：促动会五步速成法助力管理者事半功倍

要想在每次会议中，促进参与者共享信息，达成共识，快速行动，需要管理者通过简单的促动会五步速成法，提前进行思考和设计（如图3-1所示）。

图3-1 促动会五步速成法

会议背景的明确

会议背景的明确涉及以下问题：

为什么要召开此次会议？比如，由于市场业绩下滑，需要相

关部门参与研讨。

估计谁需要参加？比如，需要市场部、销售部、产品部的经理与主管参与本次研讨会。

初步希望多长时间？比如：半天。

初步预设会议主题是什么？比如：下半年市场业绩提升促动会。

管理者要学会在组织中建立一种"促动会"的氛围，即，一听到是促动会这种形式，大家就放心大胆地来了，因为知道既不会被批评指责，也不会被无端扣帽子，而是大家一起来促动，寻找解决问题的方法，共识行动计划。

会议目的的明确

会议目的的明确通常包含以下内容：

1. 理性目的的明确

理性目的就是开这次会议本身要达到的目的，通常与管理者开会的原因直接相关。比如，由于市场业绩下滑，需要市场部、销售部、产品部经理一起探讨解决方案。

2. 感性目的的明确

感性目的通常是基于实现理性目的，我们需要激发参与者的一种心理状态。这是许多管理者平时开会最容易忽略的一种目的。明明要激励大家一起找解决方法，结果营造了一种压力状态，人在压力下一般只想逃避，如何会创造呢？这就是许多管理者开不好会，会议无法达成预期效果的一个重要原因。

基于前文所列的理性目的，可以设定的感性目的如下：激发大家的参与感与创造力，培养主人翁责任感。

3. 成果期望

成果期望是指，管理者在召开促动会前，需要先展望下，这次会议如果达成了自己的期望，那么需要在结束时获得哪些结果？不同的成果期望，会产生不同的促动过程选择和之后的议程建立。

比如，成果期望是：我希望大家就业绩下滑一起来寻找问题，达成共识即可，本次不需要出详细的行动计划，可以作为下次会议的导入。那么，"团队共创"即可。

如果期望的成果是，本次会议的成功衡量标准是产出一个详细的行动计划，那估计就需要"群策群力"的流程了。

管理者如果在会议前没有建立明确的成果预期，最容易出现的现象是，会议开到哪儿算哪儿，开不完继续开，导致没完没了的会海，严重降低效率。

4. 促动选择

促动选择是指管理者如何基于前两个问题的答案，以及自己所掌握的促动技术，进行选择、组合。比如，上面这个例子，要讨论市场业绩下滑的解决方案，是选择团队共创促动技术，让大家直接创造解决方案；还是"聚焦式会话法+团队共创"，先让大家畅所欲言，分享各自的信息，表达内心情感，释放压力，寻找信心，再开始"团队共创"呢？这就要基于管理者对于会议目的和成果预期来进行选择了。

5. 议程建立

前四步完成后,管理者就可以着手建立自己的促动会议程了。此时,基于我们的会议目标,期望成果的明确,我们就可以建立一份科学、有效、成果导向的会议日程了,例如:

本次会议主题:产品业绩回升促动会

发起人:市场总监郭大明

会议目的:通过团队共创,寻找如何在市场低迷情况下,促进销售业绩回升的创新解决方法

出席者:市场部、销售部、产品部主管和经理共20人

会议时间:2015年8月19日下午2:00-5:00

会议地点:公司二楼促动会议室

会议日程:

1．信息共享(基于大家提前拿到的市场分析报告,分享自己的关注点)。

2．收获与问题(前期主要的成绩,主要的问题点探讨)。

3．团队共创(共同寻找可行的解决方法)。

4．行动聚焦(市场部、销售部、产品部分享接下来的行动关键点并形成可行性建议)。

平时我们很多低效率的会议,大多因为议程是拍脑袋出来的,没有科学设计。促动会的议程可不是拍脑袋出来的,而是有步骤有架构的设计,因此也就实现了会议的轻松有序高质量。

二、促动中：建立讨论规则，确保有效互动

看完这十个促动技术，相信大家已经感觉到，要想达到每次会议的有效讨论和交流，不管使用什么促动技术，都有相应的讨论规则。

为什么在促动会的过程中，建立讨论规则如此重要？为什么没有讨论规则的会议，往往都是"议而不决，决而不议"？

我们知道，每个人都有自己的思维偏好，有些人喜欢思考，有些人希望快速行动；有些人还在情绪中，有些人却已经开始提建议；有些人一直在分析数据，希望用数据讲话，有些人已经凭直觉判断做或者不做。因此，当一群人，尤其是一群牛人在一起开会时，那个场面，真心无法控制。

因此，管理者要开好一次会，尤其是无法施加权威来获得成果的会议，除了要做好促动会的设计，也要学会在会议中建立讨论规则，并及时维护这些规则。

明确互动规则

在讨论开始前,可以先和大家明确互动规则,确保每个人都承诺遵守。比如可以指定以下规则:

- 所有人的想法均有效。
- 关键的信息写在白纸上。
- 互相聆听对方所有的观点。
- 遵守时间限定。
- 探寻共识和行动。
- 承认差异和问题,坦诚表达内心想法。

让大家创造自己的讨论规则

也可以让大家创造自己的讨论规则。比如,针对一些牛人在一起的讨论会,在会议前,提醒大家这是一次促动会,需要达成共识,既然大家都爱表达,又希望提高效率,那么哪些讨论规则是必需的,哪些行为是不允许的?请大家一起来创建。规则创建后,促动师可以写在大的海报纸上作为提醒。之后,会议促动师就比较容易在那些"善于给别人制定规则却容易自己破坏规则"的牛人违反讨论规则时,暂停讨论,说:我们刚才达成共识,要遵守以下讨论规则(以下规则为示例,大家可进行参考):

- 有人说话时,其他人保持聆听,不能打断。
- 每个人精练表达,说话时间不能超过3分钟。

- 不许人身攻击，违者请吃午饭。
- 接打手机不能超过5分钟，违者请吃晚饭。

……

此外，在会议进行过程中，促动师可以基于会议中出现哪些不利于有效互动的行为，停下来讨论，哪些是需要重新建立的新规则，都需要明确。

张贴挂图

为了使参与者了解促动师与自己的角色，促动师还可以在会议室的墙上张贴以下挂图（如图3-2所示），并向大家作出相应的解释：

✓ 促动师	✓ 参与者
· 设定时间和任务	· 管理各自的小组
· 促进参与者讨论	· 遵守时间限定
· 提出有效的问题	· 坦诚地分享信息
· 建立并维护规则	· 探询信息背后的意义
· 保持会议的目的始终居首要位置	· 制定行动步骤

图 3-2　张贴挂图范本

设定角色

当促动师需要小组进行自我管理时,通常可以设定表 3-1 中的角色:

表 3-1 促动师给组员设定的角色

角 色	职 责
小组促动师	确保小组成员在交流过程中轻松有序高质量对话,有人在讲话时其他人保持聆听;保持小组处在进程中,以按时完成任务
计时员	保证小组知悉剩余时间,在需要按时完成的讨论中,提醒讲话者剩余时间
记录员	把小组的成果(用讲者的语言)写在大白纸上,请说话者简要重复长的观点
报告员	在指定的时间内向大组发表本组的报告

三、促动后：确保会议计划落地

无论是计划也好，策略也好，只有落地才能真正发挥效力。如何确保行动计划落地？如何维持促动会中产生的兴奋能量？

制订行动计划是确保会议中那些创新的想法、建议可以落地的关键步骤。通常，行动计划包含以下内容。

- 事项——达成目标，我们需要完成哪些事情？完成这些事情需要哪些步骤？
- 起止时间——我们需要何时开始此事项？何时必须要完成？
- 衡量成功标准——哪些数据/可视化成果的出现证明我们完成了此事项？
- 责任人——谁是第一负责人/谁愿意确保事项按进度完成？
- 参与者——谁需要/谁愿意参与到此事项中协助责任人一起完成？
- 所需资源——完成此事项需哪些部门/财/物支持？具体金额/物品/部门？

| 案例分享 |

"群策群力"会议后，6个月采购降低成本1500万元

采购费用几乎左右了企业获利的基础。据调研，企业如果能有效控制3%的材料费，可以抵得过20%的营业额创造的利润，尤其是在这个竞争日益激烈的时代，"开源"和"节流"至关重要。在S公司，一款产品的原材料成本占比约65%。以S公司2011年采购数据为例，2011年年度采购总额约4.36亿元，采购成本每降低1%，将直接为公司创造400余万元的净利润。持续降低采购成本是企业永恒不变的话题，2012年S公司采购管理中心的降本目标为1500万元，如何才能实现这个目标呢？公司认为要重点依靠采购管理部团队的力量，因此采购团队的成长和发展成为重点关注的方面。

于是，S公司采购管理部负责人和骨干共10人，在刘总的组织下，于2012年5月召开一次为期两天的"群策群力"会议。会议成果辉煌。针对主题"采购管理中心如何实现降低成本1500万元"，大家共讨论输出了五大行动方向，分别是完善激励体系、优化采购流程、团队廉政建设、优化采购架构、供应渠道开拓。采购管理部从这五大行动方向中挑选了三大关键方向，即完善绩效激励体系、团队廉政建设（制度与文化）、采购专业技能提升，制订了行动计划、学习计划和沟通计划，如表3-2所示。

表 3-2 S 公司会议行动计划

建议	三大关键步骤	需要资源	预计成果	责任人	计划完成时间
完善绩效激励体系	制定一套适合采购系统的激励方案（团队与个体）	人力资源部提供相关专业意见	激励方案	刘总	2012年7月
	绩效激励方案宣导	人力资源部提供组织协助	宣导会	小李	2012年7月
	季度、年度对激励方案检讨	财务部提供相关数据分析报告	《检讨报告》	小李	2012年12月
团队廉政建设（制度与文化）	建立采购廉政制度，与供应商签订《阳光协议》	供管部、审计部协助意见修订	《采购廉政制度》《阳光协议》	小马	2012年7月
	定期进行采购廉政文化宣导	采购管理中心各采购部门参与	案例分享	小黄	2012年7月
	采购业务行为监督	供管部、审计部参与监督	《监督报告》	小马	2012年12月
	采购培训计划	人力资源部给予相关建议	《培训计划表》	小黄	2012年6月
采购专业技能提升	建立及完善供应资源库，规范相关制度	无	《规范》《供应商资源库》	小黄	2012年8月
	收集并参与专业类行业展会	无	《展会信息收集汇总表》	刘总	2012年8月
	行业集散地供应资源收集及分析	无	《供应资源分析表》	小马	2012年8月

除了刘总，小李、小黄和小马都是各部门负责人，刘总负责整个采购管理中心的管理并重点管理采购一部，小李负责采购二部，小黄负责工程项目办，小马负责供应管理部。

相关的行动计划制订并明确负责人之后，大家便各自忙开了。在行动计划开展的第一周内，大家每天下班前会在微信群里汇报进展。遇到了困难，在电话沟通之外，大家也会把相关问题及解决的成果及时发在微信群中，确保所有负责人信息互通。

对于第一周的项目进展汇报邮件，大家花了很多心思，因为刘总提前给大家做了一个邮件汇报模板，要求汇报的内容包括本周工作成果、工作中进展顺畅的地方和不太顺畅的地方，一周总结。

以负责采购二部的小李的汇报邮件为例。小李提到，第一周的成果是同人力资源部进行了两次面对面沟通，并明确了调研表的设计维度；进展顺利的地方是在人力资源部2/3人出差的情况下仍成功约到关键人物开会沟通，并拿到绩效激励相关信息；不太顺畅的地方是原本计划周四就应明确的调研维度，因为人力资源部经理迟迟没有反馈意见而拖到了周六；一周总结是有些事情既要放权给员工去做，也要做好跟踪和跟进。

计划进入第二周，刘总发现大家在微信群里的热情度普遍降温。出差在外的小李在群里问了一个问题："大家工作都很忙，但是我们的计划里是安排学习任务的，如何解决工学

第三章 行动落地：促动前中后做足功夫

矛盾呢？"小马说，如果是面对面的授课无法参加，可以请人力资源部提供视频来自学或者自己去网络上自学。小黄也说，上次的高效开会技术学习因为自己出差，根本没有学到，现在跟供应商开会还是用原来的方法，可以说是没方法，感觉很烦。

小黄的话引发了小李的共鸣："我们降低成本的压力这么大，说实在的，手头的工作除了分配给下属之外，自己也承担不少，有时候一连出差在外好几天，大家在公司学什么我都参加不上。这要怎么办呢？"小马说："其实也可以不学，有些工作靠我们的经验还是能解决的。"

刘总一直没吭声，看着大家在群里七嘴八舌地讨论工学矛盾，全部成了抱怨。如果按照以前的脾气，早打电话让发牢骚的人自己想办法了。不过，自从学习促动技术后，刘总牢记一句话——告诉引发争辩，提问引发思考。他觉得有必要进行一次面对面的总结了。

刘总翻了翻日程表，发现这一周周五正好安排了半天时间沟通行动计划节点。于是，刘总发起了号召："各位伙伴，我知道大家在项目进展的过程中碰到了一些困惑，我想我们有必要面对面来进行沟通和反馈，请大家准备好手上关于项目进展的资料，本周五我们在会议上需要一一进行信息分享。"

经过一番筛选，周五沟通会的参会人员确定，除了各个项目的负责人之外，还有各部门的骨干，一共10人。

由于了解到大家在不同程度上跌入了情绪的低谷，所以刘总对周五沟通会要启用的会场进行了一番精心的布置。他不仅特地预定了公司的一个圆桌会议室，在桌子中间摆上了几盆漂亮的小花，还准备了一些咖啡和茶，用投影播放"欢迎参加项目节点沟通会"的PPT，同时让整个会议室播放着轻快的音乐。

大家一走进会议室，就被这别出心裁的设计"震"了，瞬间放松下来。大家一阵嘻哈之后，会议就开始了。首先由刘总致开场白。刘总看了看大家，说道："今天是我们项目的节点总结会议，我们的主题是——'采购管理中心如何实现降低成本1500万元'。迄今为止，项目已经进行了半个月。在这个过程中，我了解到大家的进展各不相同，也遇到了一些问题。我们今天需要坦诚地来分享信息，然后共同思考如何进行改善，并修正下一步的行动计划。首先我想问问大家，到目前为止，我们的进展如何？参加会议的伙伴每人有2分钟分享时间。"

话音刚落，小黄就迫不及待地打开了话匣子："经过调研和分析，现在我们已经明确了采购团队的专业技能提升，需要从沟通协调能力、采购成本分析技能、跨区域采购技能、新供应商开发，以及专业创新这五个方面进行。"小马说："上次学习聚焦式会话法之后，我们用这个方法分别了解大家对此廉政建设项目的理解及希望达到的目标，并综合大家的意见形成了项目一纸化管理的初稿，初稿经过两次讨论已经确定了。"其他人也纷纷分享了自己负责部分的进展。

刘总一边聆听大家的发言，一边用彩色笔把这些信息都记录在一张大白纸上。看着大家都把目光放到大白纸上，并且还在不断补充分享信息时，刘总知道自己提问的方法已经在起作用了。

一轮分享完毕，刘总又提出了新的问题："就目前的进展来看，大家认为我们做得好的方面有哪些？这次从小李开始分享吧。"小李翻了翻资料，心事重重地说道："做得好的，我还没有想到，我先说做得不好的地方吧……"这时，刘总马上再次强调规则："我们先分享做得好的地方，不足之处可以在下一个环节再集中分析。"小李抬头思考了一会儿，然后说道："做得好的地方是前期竭力跟人力资源部沟通，在第一周顺利拿到激励和培训等建议，带领部门5个骨干参加了体系搭建的课程，并已经开始着手策划。"

小黄说："当我们进行《违反采购职业道德行为规则》讨论时，大家讨论非常激烈，一方面明确公司针对违反采购职业道德行为的态度，需结合国家相关的法规要求；另一方面要考虑到对员工的宣导，同时也不能与原有的《廉政管理规定》冲突。我们通过头脑风暴和卡片排列的方式最终确定下来方案并审批执行，不仅把我们前期学的工具用到了，还帮助我们讨论出了成果。"小李和小黄开了个头之后，其他人也纷纷讲了自己项目组在进程中做得好的地方。一张白纸写不下，刘总又写到了第二张白纸上。

接下来，刘总又问了第三个问题："在前期项目进展的过程中，我们做得不太好的地方在哪里？"问完之后，大家顿时就炸开了锅，七嘴八舌就要讨论起来。刘总赶紧进行干预说："先请大家把做得不好的写在记事贴上，3分钟之后我们再来分享。"

3分钟很快就到了。刘总请已经写好的伙伴进行分享。经过思考之后，大家在情绪上似乎稍微平静了一点。小马说："我就一点，做得不好的是员工对行情变化的反应敏锐度低，我们在这方面的培养还不到位。"小黄说："一是前期信息收集不够，导致分析时考虑不全面；二是上周我出差了，高效开会的技术没有学到，感觉对部门开会效率的提高没有帮助。"其他人也逐一分享了做得不太好的地方，刘总让大家把这些小纸条都贴在白板上。

会议进行到这里，大家的脸上都出现了疲态，有的人背靠椅子，有的人开始看手机了。这时，刘总让大家先休息10分钟，喝喝咖啡，放松放松，一会儿再来讨论。

休息回来之后，刘总带大家快速回顾了刚才分享的所有信息，然后说道："在所有项目进展过程中做得好的和做得不好的，我们都坦诚地做了分享。这些信息对于我们来说是非常重要的，如果在接下来的半个月里，大家提到的这些问题都成功解决了，那会看到什么成功景象呢？"

小黄立刻说道："那肯定就是我们的会议效率提高了，信息搜集更全面了，我们的进度也赶上来了，不用加班，大家都爽啊！"大家都哈哈大笑起来。小李也说："如果问题都解决了，那我们下一步就好办了。该出的制度都出来了，宣讲会也超级成功，员工全部领会精神，我就可以悠闲地喝咖啡了！"大家也纷纷畅想起胜利景象来，会议室顿时一扫之前的阴霾，大家边说边把自己想象的画面画在白纸上。看着大家在不停地边说边画，刘总一边点头，一边鼓励大家多多畅想。

经过这个步骤，刘总观察到大家基本上已经从抱怨的情绪中跳出来了，并且已经注意到未来可以怎么做的方向上。这时刘总问："既然我们希望达成这么多的胜利景象，那么在接下来的两周里，为了实现我们的愿景并且成功解决我们提到的问题，大家认为需要在哪些地方进行改善？"大家的想法又被调动了起来。由于学习和经历过"团队共创"，很多人都很顺利地就将写好的卡片进行排列，并提取中心词，找出了需要重点改善的地方。接下来，大家根据改善点对原先的行动计划、学习计划和沟通计划做了修正。

看着成果已经显现，刘总松了口气，他深深感到作为一名部门总负责人，陪伴团队成长的重要性。其实，团队成员个个在采购专业方面都是身经百战的，只需要合适的、恰当的管理方式，就能让大家力往一处使。每个人在过程中有了被尊重的感觉，回到他们自己的团队中才能更好地复制给团队，从而让整个采购管理部能力提升。

这次会议之后的一个月，刘总同样带着团队对项目节点进行回顾并及时反思做得好的、做得不好的地方，以及如何改善。与会的负责人在掌握了同样的方法后，在团队内部的沟通会议中也采用这样的方式，收效甚大。采购管理部上下齐心，在问题提出后的半年内，就顺利完成了采购管理部降低成本1500万元的任务。刘总非常高兴："我们采购团队比销售团队更带劲啊，团队能力迅速提升，已经是行业内数一数二的水平了，我为我们的部门自豪！"

（本案例由WFA国际促动师协会高级促动师何虹谊提供）

企业的战略、变革、文化、绩效、品牌、执行力、团队协作的成功，都需要管理者通过有效聚焦问题，达成共识，产生高质量决策与行动计划来推进。

促动技术促进群体产生轻松、有序、高质量的对话，从而运用、连接内在的智慧解决自己的问题。

促动师在各种群体互动中，如会议、研讨交流时，促进人们进行简单、真诚、有效的对话，让大家积极参与，让有序讨论变得更为简单，让会议结果皆大欢喜，让行动计划必定产出。

促动师并不提供答案，而是通过促进参与者连接内在智慧而产生这些成果。也就是说，促动师起到的是"接生婆"的作用，"孩子"是参与者们的，可能由于各种原因难产，而这个"接生婆"通过提出一系列经过精心设计的、有步骤有架构的问题，让众人智慧聚合而成的"孩子"顺利降临人间。

国外许多位列世界500强的企业都要求入职两年的员工必须掌握促动技术，而国内许多企业管理者连"促动技术"四个字都没有听说过，仍然陷在拖沓扯皮的会议中没有解决方法。

促动技术带来的成效，不仅仅让各级管理者与员工解决了问题，更重要的是缓解了人们之间因不良互动行为产生的各种精神痛苦，让参与者们反思自己在工作与生活中，如何借由有效促动，改善与周围的人，包括上司、下属、同事、朋友、亲人、爱人、孩子、父母的关系，从此简单而真诚地对话，自由而温暖地活着。

参考文献

1. [美]拉里·博西迪，拉姆·查兰.执行[M].刘祥亚，译.北京：机械工业出版社，2003.

2. [美]达夫·尤里奇，史蒂夫·克尔，罗恩·阿什肯纳斯.通用电气案例——"群策群力"的企业文化[M].柏满迎，牟未丹，史鹏，译.北京：中国财政经济出版社，2007.

3. [美]大卫·库珀里德，黛安娜·惠特尼.欣赏式探询[M].邱昭良，译.北京：中国人民大学出版社，2007.

4. 唐一源.探索大脑 优化人生[M].北京：科学出版社，2009.

5. [美]比尔·麦格恩.提问吧![M].陈然，娜仁花，译.北京：中国商业出版社，2010.

6. [美]朱安妮塔·布朗，戴维·伊萨克等.世界咖啡——创造集体智慧的汇谈方法[M].郝耀伟，译.北京：机械工业出版社，2010.

7. [美]英格里德·本斯.引导：团队群策群力的实践指南[M].任伟，译.北京：电子工业出版社，2012.

8. ［美］杰克·韦尔奇，约翰·拜恩.杰克·韦尔奇自传[M].曹彦博，孙立明，丁浩，译.北京：中信出版社，2013.

9. ［美］布莱恩·斯坦菲尔德.聚焦式会话艺术——在工作中获得集体智慧的100种方法[M].杜文君等，译.上海：复旦大学出版社，2013.

10. ［美］布莱恩·斯坦菲尔德.共识建导法——从个人创造力到集体行动[M].杜文君等，译.上海：复旦大学出版社，2013.

11. ［美］普利希拉·威尔森.建导型方法——有所作为的领导艺术[M].杜文君等，译.上海：复旦大学出版社，2013.

12. ［美］劳拉·斯宾塞. 成于众志——用建导参与方法迎接企业变革的挑战[M].杜文君等，译.上海：复旦大学出版社，2013.

13. ［美］哈里森·欧文,开放空间科技——引导者手册[J].吴咨杏，译.开放智慧引导科技，2006.

14. 陈雪频."私人董事会"助力企业一把手[J].商业评论，2013（4）.

15. Marvin Weisbord, Sandra Janoff. *Future Search: Getting the Whole System in the Room for Vision, Commitment, and Action.* Berrett-Koehler Publishers，2010.

推荐语

将战略思想转化为行动计划是每位管理者最想做的事,但遗憾的是,行动计划有时很难如愿落地。当接触到促动技术和段老师讲授的全员行动学习课程之后,感触很深,特别是让参与者全员投入,敞开心扉,表达意愿,献计献策这一点。肢体、语言与心灵的联动,目标、结果与荣誉的连接,结出了深刻领会、落地执行的硕果。以后会继续将它们引用到各种培训会议中去。

——红蜻蜓集团董事长 钱金波

开始叫段老师甚是介意,因为她比我小很多;看她弱不禁风的样子,一直担心得想为她祈祷。但是,在课堂上,不管我如何横冲直撞,引据穷理,输的却总是自己。后来,静思段老师为什么总能驾驭很难、很复杂的问题和场面,原来真正的力量源于心灵,而段老师刚好从来都是用至正、至纯的心灵与世人对话。强或弱,赢或输就不在此境中了。段老师的事业正如其公司名"正己化人",造化的是心灵,而后才是成事。深深地感激段老师对万绿达事业的付出,明天将百江归流,未来馆的事业等着您更壮丽地呈现!

——万绿达集团董事长 李远峰

在任何一个组织中，真正的沟通往往是困难的。正因为每个成员都有自己的组织身份和身份语言，所以会禁锢沟通的角度和方式。促动会议模式化地打破我们的日常沟通角度，从而产生了新的沟通动力和创造动力。

——上海世博会零碳馆馆长 / 零碳中心 CEO　陈硕

促动技术的普及和推广，必将成为社会平等的重要基石之一。

——锦桥合伙人 / 微促动东北区铁粉校长 / 高级职业经理人　付凤林

从事体验式培训很多年，也听了很多大师的分享，听得最多的一句话就是：要引导学员把他们内心的感受说出来！可是，他们却从来都没有说清楚怎么引导！促动技术，帮我捅破了这层窗户纸，彻底解开了心中的谜团！

——《赢在行动学习》北京读书会会长　齐桂泉

在当前"互联网+"的转型升级时代，面临新生代员工崛起和新老员工并存的现状，组织需要培养更多的促动型管理者，以适应企业战略与发展需求，组织转型的核心在于管理者思维的转变，命令产生排斥，参与促成行动，而培养促动型的管理者是企业必须做的要事之一。

——HR 大数据联盟创始人 /WFA 国际促动师协会高级促动师　吴智才

促动技术颠覆了传统培训课堂，真正做到以学员为中心。通过促动，学员完成新知识体系建构，基于促动技术的培训结果应用得更多、更广、更娴熟，真正解决了知行合一的问题。

——协鑫培训经理 /WFA 国际促动师协会高级促动师　谭卫国

促动技术能从氛围到内容，最终转化为推动行为改变和组织发展实际效果，也就是所谓的"落地"。对企业和组织而言，这比以往仅依赖培训师的培训技巧，更有帮助。因此，拥有学习和掌握促动技术的企业内部人员，是传统企业向互联网转型必须具备的人才资本。

——*国家级漕河泾开发区培训中心主任　王骁*

结合心理学、管理学、社会学、培训技术、教练技术、引导技术等于一体，把互联网时代的沟通与分享精神融入每一次讨论、聚焦、碰撞、共识之中。用真诚感受温暖，用共识连接智慧，用促动达成和谐。促动正成为人际交往及企业培训的必备技能。

——*万得教育总经理／万得大学校长　宋晓言*

促动技术来源于企业实践，历经多年在众多有爱的促动师大力推广和普及下，促动技术在互联网时代得到更加充分的发挥，展现了其参与、平等、高效地聚焦真实问题和解决真实问题的魅力。在企业管理中，特别是会议、研讨、分享和培训等，以及小范围的沟通交流中，促动技术能确保流程流畅，结果自然导出，而且让参与者真诚简单地全心投入，改善并营造非常具体的企业沟通文化。它不仅仅是一种技术和方法，更是一种值得追求的工作和生活方式。

——**远洲集团人力资源中心副总经理/远洲酒店集团人力资源总监　汪伟红**

企业家成为促动师，可以开董事会、私董会、战略落地会、愿景共识会、绩效目标分解会，再也不会议而不决、决而不议。

管理者成为促动师，可以开部门会、跨部门会、团队决策会、创新研讨会，再也不会拖沓扯皮、决而无果、没有执行力。

培训师成为促动师，培训＋促动知识＋聚焦学员真实问题研讨，再也不会陷入"培训激动、感动、不动"的恶性循环。

咨询师成为促动师，咨询＋促动、经验分享＋过程结构化研讨，再也不会咨询落地时不接地气。

教师成为促动师,讲授+促动,课堂上提问、观察、聆听、讲授技能全方位互动,学生再也不会逃课了。

——*渤海职院教师/WFA国际促动师协会高级促动师 周海燕*

促动技术让您纠结了N年的若干问题迎刃而解!

——*中石化常州朝阳公司副总经理 陈玉祥*

促动技术在企业中应用的优点很难用语言表述,只能让每个人亲身体验。未来,它将是所有公司中高层管理者必须掌握的一门技能。

——*红蜻蜓人力资源总监/红蜻蜓商学院执行院长 余爱飞*

互联网时代正在深深影响与改变着企业的组织生态和学习生态,更多地倡导平等、共享共创,参与式管理将成为主流方向,未来十年行动学习和促动技术将大有"用武之地"。两年来,我也矢志不渝地在中广核内部推动着大家去认识和应用,并凝聚了一批坚定的"促粉"。推广促动技术也已成为中广核创新学习技术和变革学习模式的重要方向之一,让员工学习更"接地气",让学习更有效地服务于企业发展。

——*中广核大学管理培训高级经理 张熙军*

当今市场面临着新的挑战,尤其是作为国内经济重灾区之一的温州,在企业人才培训与发展方面更是艰难与挑战并存。而我们作为温州本土的培训机构,非常有幸能认识WFA国际促动师协会的老师们,也非常欣喜地能接触到促动技术。目前,"80后"已经逐渐成长为企业的中流砥柱,"90后"也越来越多地进入到企业中。无论是"80后",还是"90后",他们都不喜欢被他人管理与命令。促动技术让我们真正懂得了相信团队能量,打破沟通障碍,彼此简单真诚交流,达成共同的目标。行动学习促动技术是一门人人都要学习的技术。

——*温州赛格副总经理 徐延菲*

促动让公司各领域各层级的知识经验得到共享，跨部门在研讨与交流中得到共识。更为重要的是，它让管理变得更加轻松有效，让管理者学会真正的聆听、提问、反馈并陪伴员工共同成长。未来企业的可持续发展，需要掌握促动技术的管理者，让我们共同努力吧！

——雷士商学院执行院长/WFA国际促动师协会高级促动师/WFA认证F5促动师 杨琳

促动技术为HR和管理者提供了一套容易操作且行之有效的工具方法，促进学员主动积极参与讨论，达成共识。特别适用于倡导平等、开放、分享、透明的氛围。

——蚂蚁金服组织发展高级专家 穆雪飞

博学，WFA突破传统的培训模式和思维框架，让参与者传播互动、行动学习！审问，促动技术提升了团队成员对问题的发现、探究、共享、共识、共创能力！慎思，促动师带领我们走过五个阶段，让我们静心、反思、觉察、内观，自我升华！明辨，让管理者改变观念和工作方式，激发下属潜能、自动自发地运用促动技术引领团队前进！笃行，从高层管理至基层员工，小到会议主持，大到愿景目标，所有人员知行合一、齐心向前，企业获得了无价的收获！

博学之，审问之，慎思之，明辨之，笃行之！这些是我们对WFA的感悟与总结。行动学习、促动技术已是公司蓬勃发展的推动器！它让管理变得简单，使员工更加真诚，将绩效更快提升！

——罗格朗（惠州）人力资源总监 刘庆波

促动与管理工作相结合，使工作推行简单、易行，同时促进团队成员自我意识、能力提升，无形中提升了管理者的价值。

——武汉微创光电股份有限公司人力资源总监 李真

当我接触促动技术后，我变了，懂得聆听，懂得接纳，越发期望更多的人拥有和谐的关系，好好经历享受短暂的一生，发愿与每一位有缘人同行共建。

——贵州德鲁克学会原项目经理/WFA 国际促动师协会高级促动师 王溪

促动技术，让我在助人的过程中得以更全面地反观自己，创建与更多人的情感连接，在知识和技能的创新发展中不断完善自我。

——WFA 国际促动师协会高级促动师/WFA 杭州分会会长 沈蕾

遇到行动学习和促动技术之后，我发现了上帝打开的一扇窗，更多新鲜空气迎面扑来。我在企业内外实践和应用，发现行动学习和促动技术对创新或解决组织问题真的有效，促发组织原动力；在践行过程中，我也发现了真正的自己。

——WFA 国际促动师协会高级促动师/WFA 上海分会会长 金沙浪

促动技术在中国正当时：学员渴望也需要一种全面参与的学习方式，企业需要学习针对实际问题并能提升学员能力，组织需要一种从下而上的变革方式！我相信促动技术的导入将改变越来越多的企业！

——WFA 国际促动师协会高级促动师/WFA 认证 F5 促动师 魏丽

我在团队中运用促动技术来管理，一个简单的步骤就能提升员工的参与性，看到每个人的想法都能表达，并且兴高采烈地为行动负责，我不仅促动了别人更促动了自己！让每个人的想法都能表达不是一件容易的事情，让一个大团队达成共识共同前进更不是件容易的事情，在促动技术运用的现场，我们经常听到团队兴奋地说，我们做到了！

——WFA 国际促动师协会高级促动师/WFA（中国）秘书长 何虹谊

"世界咖啡"是非常有效的共同学习方法,主持人和参与者一起深度汇谈,创造集体智慧。这一学习方式与移动互联网倡导O2O的学习思维非常吻合,每一个参与者都是学习的源头,充分体现了"大众教育大众"的共学理念。作为一名践行者,我已经将"世界咖啡"应用于领导力共修、战略目标制定、管理技能提升、会议效能提升、工作问题解决、读书会、职业发展规划、企业文化培训、培训需求调研、内部课程开发等主题方向,深受企业客户的好评。

——"世界咖啡"应用学习顾问 周希奇

促动技术的魅力在于运用集体智慧,通过共享、共识、共行,有效地解决企业真实问题,并使参与者得到成长与发展。

——WFA国际促动师协会高级促动师/WFA认证F5促动师 张小燕

促动技术能够通过有序的步骤,使得人与人之间进行真诚、深入的对话,极大地丰富了研讨成果。促动技术在我们培训课程、咨询项目中的大量运用,使顶尖的教授与学生,以及学生与学生之间的智慧进行连接和碰撞,从而形成富有实效的行动计划。知行合一,一直是我们教育工作者的追求。

——复旦大学管理学院高级管理人员发展中心项目经理 马佳妮

促动技术为社区治理、社区参与、社区营建提供一种新的工作方法。这种方法将极大地调动社区居民的参与热情,使他们从社区的被管理者变成社区问题的参与者,从而能够使"我为人人、人人为我"的理念真正贯彻。

——上海飞扬华夏青年公益事业发展中心副总干事 封曙历